新雅
名人館

⋯鐳元素之母⋯

居里夫人

編著 馬翠蘿

新雅文化事業有限公司
www.sunya.com.hk

新雅・名人館

鐳元素之母　**居里夫人**

編　　著：馬翠蘿
內文插圖：黃穗中
封面繪圖：尚馬里・巴比亞（Jean-Marie Barbier）
策　　劃：甄艷慈
責任編輯：黃婉冰
美術設計：何宙樺
出　　版：新雅文化事業有限公司
　　　　　香港英皇道499號北角工業大廈18樓
　　　　　電話：（852）2138 7998
　　　　　傳真：（852）2597 4003
　　　　　網址：http://www.sunya.com.hk
　　　　　電郵：marketing@sunya.com.hk
發　　行：香港聯合書刊物流有限公司
　　　　　香港新界大埔汀麗路 36 號中華商務印刷大廈 3 字樓
　　　　　電話：（852）2150 2100
　　　　　傳真：（852）2407 3062
　　　　　電郵：info@suplogistics.com.hk
印　　刷：中華商務彩色印刷有限公司
　　　　　香港新界大埔汀麗路 36 號
版　　次：二〇一六年七月二版
　　　　　10 9 8 7 6 5 4 3 2 1

ISBN:978-962-08-6587-9
© 2001, 2016 Sun Ya Publications (HK) Ltd.
18/F, North Point Industrial Building, 499 King's Road, Hong Kong
Published and printed in Hong Kong

前言

居里夫人是世界上第一位兩次獲得諾貝爾獎的偉大科學家。

居里夫人原名瑪麗·斯克勞多夫斯卡，1867年誕生在波蘭華沙一個知識分子家庭。她自小聰明好學，十六歲那年就以第一名的成績畢業於華沙女子公立中學。之後，因為家貧，無法上大學，她便去做家庭教師替自己攢取學費，八年後，終於進入了巴黎大學攻讀。由於她的刻苦努力，先後以第一名和第二名的成績取得物理學和數學學士學位。

之後，居里夫人與居里先生一起用了八年的的艱苦歲月，屢敗屢戰、百折不撓，終於發現了放射性元素——鐳。這一發現，不僅推翻了當時物理學上的幾種基本學説，給現代原子物理學奠定了基礎，還給醫學界帶來了治療癌症的新方法，挽救了無數癌症病人的生命。居里夫婦因此獲得了諾貝爾物理學獎。

居里先生不幸去世後，居里夫人強忍悲痛，繼續深入進行鐳的研究工作，獲得巨大成功，並第二次獲得諾貝爾獎——化學獎項。

鐳的發現造福廣大人類，鐳也成為了比金子還要貴重的東西。但作為鐳的發現者，居里夫人卻不願意用鐳去取得利益，她認為：「每個科學家都不應該把科學成果當作發財致富的資本，科學成果是應該屬於全世界的！」她放棄了鐳的專利權，放棄了馬上可以成為世界巨富的機會，仍靠着微薄的薪酬去養活一家人。二十世紀最偉大的科學家愛因斯坦曾經這樣說：「在所有的著名人物中，居里夫人是唯一不被榮譽所腐蝕的人。」

　　居里夫人的一生充滿坎坷，童年喪母，中年喪夫，遭受種種痛苦、磨難，但她並沒有因此而放棄，她自強不息、知難而進，創造出一個又一個的奇跡。她曾兩次獲得諾貝爾獎，她是十五個國家科學院的院士，她接受過七個國家的二十四次獎金或獎章，她擔任了二十五個國家的一百零四個榮譽職位。她的事跡，她的名字，傳遍了地球的每一個角落。

　　居里夫人偉大的一生，給後人留下了無窮盡的教益和啟迪。

目錄

一 幸福家庭

1867年11月7日，瑪麗・斯克勞多夫斯卡誕生在波蘭華沙一個知識分子家庭。

她生下來就很乖，很少哭鬧，偶爾哭幾下，聲音也是細細的，父親斯克勞多夫斯基常常說：「這女兒長大了定是個乖孩子，你看她，連哭都那麼文靜。」

相信斯克勞多夫斯基夫婦當時絕對不會想到，這很乖很乖的小女嬰，長大後竟然成為世界上第一位兩次獲得諾貝爾獎的傑出科學家。

小瑪麗出生的時候，正值波蘭歷史上最黑暗的年代。多災多難的波蘭，處在俄國、奧地利、普魯士三個國家的分割統治下，而華沙，則成了俄國的領地。

父親斯克勞多夫斯基世代都是波蘭的貴族，擁有大量土地，家境富裕。但由於俄國的入侵，使他們家族的土地和財產全部喪失，一無所有。幸好斯克勞多夫斯基並非那種靠父蔭過日子的紈絝子弟，他勤奮好學，精通數學、物理和文學，通曉八國語言，他以優異成績在俄國一間著名學府畢業後，回國擔任了諾佛立普基公立中學

的物理和數學教員，兼任副督學。

瑪麗的母親布羅尼斯洛娃是一位端莊美麗的知識婦女，求學時期是華沙市弗瑞達路女子中學的高材生。畢業時，由於成績優異，被留在學校當了教師，後來還做了這間學校的校長。

由於父母都是有真材實學的人，又都有一份薪金優厚的職業，所以，雖然當時波蘭人普遍環境惡劣，但瑪麗仍能在一個溫馨安逸的家庭裏成長。

瑪麗在家中排行第五，在她之前還有三個姐姐和一個哥哥，所以，她不但有爸爸媽媽疼她，而且還有哥哥姐姐愛護她。五個孩子都同樣聰明可愛，所以瑪麗在她一班哥哥姐姐當中也沒有顯得特別出色，只是覺得她個性特別倔強。

每年暑假，爸爸媽媽都會帶上五個孩子，一家人快快樂樂地到鄉間叔叔那裏度假。五個孩子就像五隻快樂的小鳥，在大自然的廣闊天地裏盡情地飛呀飛的。

孩子們在田裏幫叔叔除草，大姐素希雅在田埂邊上發現了一棵長滿白色花朵的樹，她驚歎起來：「啊，這花真漂亮！」

二姐布羅妮亞提議說：「我們摘一些花來送給媽媽，好不好？」

知識門

田埂：
田間的小路，用來分界並方便行走。

7

三姐海拉鼓掌説：「好呀，我贊成！」

哥哥約瑟夫摩拳擦掌地説：「我是男孩子，我上去。」

那棵樹並不高，哥哥兩下子就爬了上去，在樹杈上坐了下來。他伸手摘了一枝花，朝姐妹們扔了下來。

瑪麗也想親手摘一枝花給媽媽，她想學哥哥那樣爬上樹去，可是，她畢竟只有四歲，那有力氣爬樹呢？她像隻小笨熊一樣抱着樹幹，爬兩吋，又往下滑，爬兩吋，又往下滑。

哥哥姐姐們開始時都覺得好笑，但見到妹妹一點都沒有放棄的意思，都不再笑她了，決心幫助這個倔強的妹妹實現願望。哥哥跳下地，和三個姐姐齊心合力把小瑪麗高高舉起來，瑪麗親手摘了一枝最大最漂亮的花，送給了親愛的媽媽。

不久後發生的一件事，又讓家裏人發現，瑪麗原來有很強的記憶力。

斯克勞多夫斯基夫婦都是很有見地的人，生怕孩子太早學習知識，會影響健康，所以瑪麗到了四歲，都還沒有教她讀書寫字。

因為父母都是教師，所以孩子們都很喜歡做一個「教師遊戲」。尤其是布羅妮亞，常常爭着扮演教師的

角色，小瑪麗呢，當然是最理想的扮演學生的人選。

布羅妮亞把字母寫在大紙板上，一個一個地教瑪麗認。雖然布羅妮亞並不是一個很稱職的「教師」，因為她常常半途把「學生」丟下，去加入她認為更感興趣的遊戲。但小瑪麗卻是一個很聽話的學生，每次羅布妮亞跑走了，她還坐在那裏，用小手托着腮，呆呆地看着那些紙板，琢磨着姐姐還沒講完的「課」。

一次，爸爸媽媽考布羅妮亞的功課，讓她朗誦一段課文，貪玩的布羅妮亞拿起課本，結結巴巴的，很多字都不會唸。小瑪麗在一旁看見了，心想：好孩子應該熱心幫助別人。現在姐姐不會背書，自己應該去幫她。於是她馬上跑過去，拿過姐姐手裏的書，十分流利地讀了起來。

爸爸媽媽驚呆了，小女兒怎麼懂得這麼多字？布羅妮亞也糊塗了，因為她根本不會想到，自己鬧着玩的「教師遊戲」，會讓小瑪麗學到了這麼多的知識。

小瑪麗還在高高興興地讀着課文，可是，她突然發現好像氣氛不大對頭，她看看爸爸媽媽，看看姐姐布羅妮亞，他們為什麼都睜大眼睛看着自己，是不是自己做錯了什麼？

「哇……」瑪麗哭起來了，一邊哭一邊說：「對不

起，這不是我的錯，也不是姐姐的錯，只是因為，這太容易了⋯⋯」

瑪麗害怕地想：自己學會了唸書，是壞事嗎？爸爸媽媽和姐姐會不會因為這件事，從此就不理自己呢？媽媽趕緊把小女兒摟在懷裏：「別哭別哭，好孩子，你沒做錯什麼，真的，你一點也沒做錯。有你這麼聰明的孩子，爸爸媽媽高興還來不及呢，怎麼會生你的氣？爸爸媽媽只是覺得驚訝罷了。」

想一想

1. 斯克勞多夫斯基夫婦為什麼一直沒教瑪麗讀書認字？

2. 瑪麗會唸的字是怎樣學來的？

二 恐怖的日子

瑪麗六歲那年進了小學，她的年齡是全班最小的，但她的成績卻是全班最好的。尤其是歷史、數學、法文等科，分數比其他同學高出很多。瑪麗的記憶力特別好，不管多難背的課文，她唸了兩遍就能流暢地背誦。由於瑪麗成績好，對老師同學又有禮貌，所以大家都十分喜歡她。

但是瑪麗的學校生活並不都是充滿陽光，她和當時所有的波蘭孩子一樣，備受沙俄統治者的欺凌和壓制。

俄國人自從統治波蘭之後，就強硬規定所有的學校都用俄語授課，不准波蘭人使用自己的民族語言。有關波蘭歷史、文學和波蘭英雄的書籍一律被焚燬，誰敢違抗，就被關進牢房，有的還被殺頭。但是，波蘭人民不是那麼容易屈服的，他們千方百計地去反抗沙皇政府的專制統治。瑪麗所在學校的老師，就常常暗地裏用波蘭語授課，給學生們教授波蘭歷史，

知識門

沙皇：

俄羅斯帝王的稱號。1547年伊凡四世正式稱沙皇。1721年彼得一世改稱皇帝，但一般仍稱沙皇。1917年2月革命，沙皇制度被推翻。

給他們灌輸愛國思想。

沙俄政府察覺到了波蘭人的反抗情緒，不時派遣督學到學校突擊檢查，看看學校是不是遵從沙俄統治者的命令，聽聽學生是否能用俄語背誦那些規定要讀的課文。學校的孩子們把俄國督學突擊檢查的日子，稱作「最恐怖的日子」。

一次，一位女老師正在給瑪麗他們講波蘭歷史，講那些愛國志士的故事，突然，外面傳來兩長兩短清脆的鈴聲。女老師臉色馬上變得刷白，因為，這是和守門人約好的暗號，俄國督學來了！

女老師急促地對學生們說：「快把課本集中起來！」

孩子們像聽到軍令一樣，以最快的動作把波蘭文的課本放進一個預先準備好的袋子裏，然後，幾個年長的女孩子提起袋子，飛快地跑向宿舍。當她們剛來得及折返坐回座位，那個可憎的俄國督學洪伯格便出現在教室門口了。在他的後面，跟着滿臉驚惶的女校長。

俄國督學長得又高又胖，一身黑色西裝穿在他身上顯得又窄又短，都快掙破了。他故作威嚴地「咳」了一聲，接着像獵犬一樣，用他那雙小眼睛把教室搜索了一遍。

在安靜的教室裏，二十五個小女孩全都低着頭，手拿着針和一塊布，在專心致志地學着刺繡，書桌上放着剪刀和繡線。

女校長暗暗舒了一口氣，她告訴俄國督學：「督學先生，她們在上女紅課。」

狡猾的洪伯格還不放心，他走到一張課桌前面，突然把抽屜拉開。裏面是空的。他又拉了一張椅子，坐在了講台上。女孩子們剛剛安定下來的心又「撲通撲通」猛跳起來。

知識門

女紅：
指女子所做的縫紉、刺繡等工作，以及這些工作的成品。

提問時間到了。

這是學生們最恐懼的時刻，俄國督學為了檢查學校有沒有教給學生俄國文化，每次到來都要對學生進行提問。要是學生答得不好，就得挨一頓嚴厲訓斥。

瑪麗低着頭，拚命往下縮着，希望老師看不見她。瑪麗的俄文是全班最好的，所以每當有人來檢查時，老師多半會提問她。瑪麗並不擔心不會答題，只是憎恨用侵略者的語言回答問題。

但還是逃不過。老師清清楚楚地叫了一聲：「請瑪麗同學回答問題。」

瑪麗極不情願地站起來了。

俄國督學提的問題廣泛而又細緻，包括俄國的古老歷史，俄國歷任沙皇的名字，甚至俄國許多主要城市的概況。這都難不倒瑪麗，她記憶力好，俄語又說得字正腔圓，還帶點彼得堡口音。

知識門

彼得堡：
俄國僅次於莫斯科的大城市。

這位個子小小的女學生表現得太完美了，簡直無瑕可擊。俄國督學想了想，問了最後一個問題：「告訴我，誰統治我們？」

瑪麗的臉色變得十分蒼白，她並不是不會回答，而是知道得太清楚了。但是，她實在不想回答這個屈辱的問題。俄國督學見到瑪麗低着頭一言不發，不由得意地冷笑了，他以為終於找到了這間學校的岔子。連統治者的名字都不知道，簡直是造反了！

女校長的身體在微微發抖，女老師和一班女學生緊張得大氣也不敢出，要是瑪麗答不出來，她們可就要遭殃了。瑪麗偷偷地瞥了校長一眼，知道大家都在捏着一把汗，也知道她不回答的嚴重後果。她終於困難地張開嘴巴，回答：「是俄國全領土的皇帝亞力山大二世陛下。」

大家全鬆了一口氣。俄國督學也滿意地點了點頭，他站起來，在女校長的陪同下，向另一間課室去了。

這時候，臉色慘白的瑪麗傷心地哭了起來，被迫說出這樣的違心話，已經不止一次了，她痛恨這種無休止的表演和屈辱。

全班二十五個女孩子都難過地望着瑪麗，年輕的女老師走了過來，在瑪麗蒼白的臉上吻了一下，摟着瑪麗哭了起來。

想一想

1. 沙俄政府為什麼不讓波蘭人民使用自己的語言？波蘭人民又是怎樣進行反抗的？

2. 瑪麗為什麼害怕被提問？

三 給媽媽一個蘋果

1873年秋，父親斯克勞多夫斯基被俄國當局減薪降職，瑪麗一家馬上面臨着極大的經濟困難。

斯克勞多夫斯基本來是一個才華橫溢和很有教學經驗的人，在諾佛立普基中學任教期間，深受這間學校師生的尊重和愛戴，這就引起了俄籍校長伊凡諾夫的妒忌。伊凡諾夫本身沒多大學問，但由於忠誠地執行沙俄政府的命令，監督學校裏的學生使用俄語和學習俄國文化，所以深得當局讚賞。但學校裏上上下下，學生教師都憎恨他，瞧不起他。

伊凡諾夫常常突擊檢查學生的功課，在裏面尋找學生一時疏忽寫下的波蘭語言，或者是拼錯了的俄語。有一次，他在一個學生的作業本裏發現一句俄語句子有語病，便借題發揮，把全校同學集合起來，訓斥那個學生不忠於俄國，故意把句子拼錯來對抗政府，還強迫那個學生公開認錯。

那個學生站在全校師生面前，屈辱地哭了。斯克勞多夫斯基實在忍不住了，他毅然站出來，替那個學生辯

17

護。他平靜地對伊凡諾夫說：「伊凡諾夫先生，相信這孩子只是一時疏忽，才將句子拼錯了。其實我看先生平時作報告時，也常有語法修辭上的毛病，那先生莫非也對抗政府？當然，我相信先生和這個孩子一樣，純屬疏忽，不是故意的。」

伊凡諾夫的臉色馬上漲得通紅，但又無法反駁，只好放過那個學生。但從此之後伊凡諾夫就更加惱恨斯克勞多夫斯基，不久便捏造了一個反抗俄國政府的罪名，把他由副督學降為最低薪級的教師，薪金少了差不多一半。

瑪麗家一下子陷入了困難的境地。媽媽因為得了**肺病**，早就沒有工作了，近年來都是斯克勞多夫斯基一個人獨力承擔養家的責任。可現在，斯克勞多夫斯基微薄的薪金，根本難以維持生計。

> **知識門**
>
> 肺病：
> 即肺結核。慢性傳染病，病原體是結核桿菌，症狀是低熱，夜間盜汗，咳嗽，多痰，消瘦，有時咯血。

因為交不起房租，斯克勞多夫斯基只好把房子騰出一部分，收留一些寄宿的補習生，自己替他們補習，賺些錢幫補家計。最初只是收了幾個學生，後來越收越多，最高峯時期竟然有十個寄宿生。從此，家裏變得吵吵鬧鬧，完全沒有了以往的寧靜。為了給那些寄宿生騰

出地方住宿，瑪麗和幾個兄弟姐妹都只好讓出自己的卧室，睡到客廳的長沙發上。

不幸的是，寄宿生裏有人患了斑疹傷寒，傳染給了布羅妮亞和素希雅。在那時候，斑疹傷寒是一種致命的疾病，在那充滿痛苦的幾個星期裏，布羅妮亞和素希雅一直發着高燒，躺在牀上痛苦地呻吟着。

幾天之後，病魔終於帶走了身體較弱的大姐素希雅。

> ### 知識門
>
> **斑疹傷寒：**
>
> 急性傳染病，傳染媒介是體虱或鼠蚤。症狀是突然發高燒，頭痛，全身痛，第五天前後出現較多皮疹，可伴隨明顯的神經和精神症狀，常併發肺炎。

那天早上，瑪麗醒來，見到媽媽坐在牀前飲泣，她嚇了一大跳，急忙摟住媽媽，問出了什麼事。媽媽泣不成聲地回答：「你大姐……她……她……死了！」

小瑪麗傷心極了，她禁不住撲到媽媽懷裏，痛哭起來。

大姐的死，對媽媽是一個致命的打擊，她的病突然加重了，平時她還能做些輕鬆點的家務，現在卻軟弱地躺在牀上，再也起不來了。

一班本來就很乖的孩子，現在變得更懂事了。他們為了讓父親一心一意去掙錢養家，分擔了大部分的家務勞動，還細心地照顧着媽媽和大病初癒的布羅妮亞。

媽媽的病越來越重，小瑪麗好傷心啊！她每天放學以後做的第一件事，就是跑到媽媽的病牀邊，拉着媽媽冰冷的手問長問短。她還常常在放學的路上跑到教堂，跪在聖母像前，小聲地禱告：「神啊，請幫幫我吧！請保佑我媽媽的病早日好起來。」

有一天，小瑪麗在放學路上看見一個老伯伯在賣蘋果，那蘋果又紅又大，好看極了。她想：「媽媽最喜歡吃蘋果了，我買一個回去給媽媽吃！」

伯伯聽到瑪麗是買蘋果給生病的媽媽吃，就説：「真是一個懂事的好孩子，伯伯就給你挑一個最好的！」

伯伯細心地在籮筐裏挑來挑去，給瑪麗挑了一個又大又紅的蘋果。瑪麗雙手捧着蘋果，一蹦一跳地跑回家去，彷彿覺得，媽媽吃了這個蘋果，病一定會好起來的。

可是，一跑進媽媽的房間，瑪麗就覺得氣氛不對頭：怎麼家裏所有人都圍在媽媽牀邊，兩個姐姐還嗚嗚地哭着。

媽媽怎麼啦？！瑪麗驚慌地跑到媽媽身邊，只見媽媽躺在牀上，呼吸微弱，臉色像一張白紙。

瑪麗撲到媽媽身上，把手裏捧着的蘋果遞給她：「媽媽，這是您最愛吃的蘋果，我給您買來了！」

媽媽睜開雙眼，臉上綻開了笑容，她費力地抬起手，摸着瑪麗的頭。

瑪麗拚命忍住要流出來的眼淚，把蘋果往媽媽手裏塞：「媽媽，吃呀，吃呀，您吃了這蘋果，病就會好的。媽媽，快吃呀！」

媽媽用僅存的一點點力氣拿住蘋果，她喚着瑪麗的愛稱説：「瑪紐希雅，謝謝你，媽媽等會就吃。」

媽媽用另一隻手和家裏人一一握手，就好像她以往要遠行之前一樣。輪到瑪麗，她拉着瑪麗那隻小手，想到瑪麗小小年紀就要承受失去母親的痛苦，眼裏不禁流下淚水，哽咽地説了一聲：「我可憐的孩子。」

接着，她又緩緩地將圍在牀前的親人逐個看了一遍，好像要把他們的模樣緊緊記住。然後，她費力地説了一句：「我……我愛你們……」

話還沒説完，她就閉上了眼睛，手裏的蘋果也「骨碌碌」地滾到了地上。

屋裏馬上響起了一片哭聲。瑪麗在地上撿起了蘋果，她哭着叫媽媽，可是，媽媽再也聽不見她的叫喊，再也不能吃她買的蘋果了。

十歲的小瑪麗，成了無母的孩子。

想一想

1. 斯克勞多夫斯基是因為什麼被降職減薪的？

2. 在媽媽病重的日子裏，瑪麗為媽媽做了些什麼？

四 金質獎章

母親的去世，使瑪麗兄弟姐妹迅速成長起來，他們更努力地學習，更加懂事地幫父親料理家務。

斯克勞多夫斯基仍在中學教書，約瑟夫這時候已經中學畢業，到醫科大學深造去了。二姐布羅妮亞也已經中學畢業，但由於華沙大學不收女學生，而到外面讀大學又要很多錢，所以她只好暫時留在家裏操持家務，照顧寄宿生。海拉在西科爾斯卡寄宿學校讀書。

不久，瑪麗以出色的成績考入了一間官立女子中學。每天上學，她都要叫上好朋友卡霽雅一起走，卡霽雅就住在離瑪麗家不遠的地方。當她每天在門口叫喚卡霽雅的時候，總有一把親切慈祥的聲音從二樓的窗口傳出來：「早安，我的小瑪紐希雅，卡霽雅馬上就下來！」

這是卡霽雅的母親，一個高個子的漂亮婦人，她對瑪麗很好，她慈祥和善的眼神，常常使瑪麗想起了自己去世了的母親。

卡霽雅的母親繼續說：「小瑪紐希雅，放學以後記

得和卡霽雅一塊回來，我給你做好吃的點心！」

瑪麗正要回答，卡霽雅就叫喊着從樓上跑下來了：「是呀，你一定要來！你不來我抓也要把你抓來！」

瑪麗開心地說：「我一定來！謝謝阿姨，謝謝卡霽雅！」

兩個女孩子手拉着手，蹦蹦跳跳地跑回學校。

瑪麗成績很好，對同學也很親切，所以學校裏的同學和老師都很喜歡她。

但只有一個人是例外，她就是學校裏的女學監。這個女學監雖然是波蘭人，但卻常常幫着俄國人欺負波蘭教師和學生。瑪麗人長得漂亮，學習成績又好，女學監早就對她嫉妒得要死，經常無中生有地找瑪麗的岔子，然後就來一頓訓斥。但每當這時候，瑪麗就帶着一副輕蔑的微笑望着她，令她更加生氣。

有一次，天上颳着大風，瑪麗上學路上被風吹得頭髮有點散亂，沒想到一進校門就被躲在一角的女學監看見了。女學監好像抓到了瑪麗的什麼痛腳，抓起一把梳子就去找瑪麗。她板着臉孔站在課室門口，大聲叫嚷着：「瑪麗，你出來！」

瑪麗不知道又惹着女學監什麼地方，只好走了出去。女學監使勁地用梳子去梳瑪麗的頭髮，可是，瑪麗

那一頭卷髮就和她的個性一樣倔強，不管女學監怎麼梳，還是不聽話地落在兩鬢。瑪麗居高臨下地看着那氣急敗壞的女學監，一絲輕蔑的微笑又掛在了嘴邊。

女學監感覺到了瑪麗的蔑視，她發怒了，指着瑪麗大聲叫起來：「不許那樣垂着眼睛看我！」

瑪麗「噗」一聲笑了起來，她對女學監說：「事實上我只能那樣看你！」

女學監的臉霎時漲得通紅，因為瑪麗比她高出一個頭。

女學監灰溜溜地走了，從此以後，她再也不敢事事找瑪麗的麻煩了。

瑪麗天生聰明，但她沒因此而在學習上放鬆對自己的要求，她平日上課十分留心，放學回家也花上幾個小時去溫習功課。

瑪麗學習起來十分專注，不管周圍怎麼吵鬧，都一點不會分散她的注意力。有一次，她在家裏全神貫注地看書，姐姐們見到她專心的樣子，就故意和她開玩笑，用椅子在她的周圍搭起了一座「椅塔」，只要她一站起來，椅子就會塌下。然後，她們躲在櫃子後面，等着看熱鬧。

可是，半小時，一小時，姐姐們等得不耐煩了，瑪

麗還是坐在那裏看書。兩個小時之後，她溫習完功課，才放下書，直起腰來。就在這時候，她的頭不小心碰着了架在上面的一張椅子：「轟隆」一聲：「椅塔」倒了，東歪西倒地在地上跳着。

躲了半天的姐姐可高興了，「闢」的一聲跳了出來，為她們**惡作劇**①的成功開心得又蹦又跳。

瑪麗揉揉被椅子碰痛了的肩膀，說了句「真無聊！」就拿着書本跑到隔壁去了。

瑪麗所吸收的文化素養，有很大一部分是從父親斯克勞多夫斯基那裏來的。斯克勞多夫斯基不僅在物理學方面有很深的造詣，而且在文學方面也很有研究。每當星期六的晚上，孩子們都回來了，一家人便圍坐在火爐旁，聽父親朗誦一些世界名著，隨父親在浩瀚的文學海洋中蕩漾。

斯克勞多夫斯基還常常教育孩子們，波蘭被俄國政府入侵，錢可以被奪走，尊嚴可以被踐踏，唯有知識是永遠不會被奪走的。鼓勵孩子們努力學習，不斷充實自己。

---

① **惡作劇**：開玩笑開得太過分，使人難堪。

就是因為有了這樣崇尚科學尊重知識的父親，瑪麗和哥哥姐姐們才能在當時黑暗的年月裏，健康快樂地成長着。

1883年6月12日，瑪麗以優異的成績在中學畢業了。在畢業典禮上，瑪麗穿着一件黑色的禮服，禮服上別着一朵紅色的玫瑰花，顯得又端莊又美麗。在樂聲中，她接過了校長頒給她的一枚金質獎章。

這是斯克勞多夫斯基家的孩子得到的第三枚金質獎章。孩子們的成績使父親感到無比的驕傲。

想一想

1. 瑪麗是怎樣令到女學監狼狽不堪的？

2. 瑪麗為什麼一直沒發現姐姐們的惡作劇？

五 供姐姐讀大學

中學畢業了，好學的瑪麗當然希望能像其他同學一樣，到巴黎上大學，但這談何容易！

斯克勞多夫斯基先生年紀已漸老，已經沒有精力再去收寄宿生了，只是仍然在中學裏擔任教員。將大兒子約瑟夫送進醫學院讀書，已經要節衣縮食才能應付，此外，就再也沒有力量供其他幾個女兒去讀書了，為此他常常覺得很內疚。

懂事的瑪麗一點也沒有怨天尤人，她知道父親的難處，於是決定像姐姐一樣，自己去掙錢，為自己籌集學費。

年僅十六歲的瑪麗鼓起勇氣邁進了職業介紹所的大門。

介紹所的一位老職員瞪大眼睛望着滿臉稚氣的瑪麗，問道：「你幾歲了？」

「十七歲了！」瑪麗的臉馬上漲得通紅，因為她撒了個謊，把自己的歲數報大了一年。

老職員扶了扶老花鏡，仔細看了看瑪麗提供的個人

資料，好像不相信地問：「你懂得英、德、俄、法、波蘭多國語言？」

「嗯！」瑪麗使勁地點着頭。

老職員又問：「那你希望要多少薪酬？」

瑪麗想了想，説：「一年四百**盧布**，另外包我的生活費用。」

知識門

盧布：
俄羅斯等國的本位貨幣。

老職員「唔」了一聲，在瑪麗的個人資料上寫了些什麼，然後對瑪麗説：「小姑娘，回家等吧。祝你好運！」

瑪麗説了聲「謝謝！」就回家了。

好消息來得很快，一個律師看了瑪麗的履歷，很滿意，就聘請瑪麗去教他的孩子。瑪麗沒想到事情這麼順利，真是開心極了。她對這份工充滿遐想：自己即將遇到的是位和善可親的僱主，她會很尊重他們，很愛護他們的孩子，盡心盡力地教給他們知識。

可是，當瑪麗真正接觸到這家人之後，不禁大大地失望了。

這個律師家庭的人，既庸俗又自私。那些做家長的，每天揮霍無度，花錢如流水，但對待別人卻斤斤計較，尤其是對家中的傭人，更是吝嗇得要命，連一盞油

燈錢都要在他們工錢裏面扣除。

即使是對家庭教師瑪麗，他們也沒有表示出特別的客氣。每當孩子調皮搗蛋，瑪麗責備稍為嚴厲一點時，他們不是幫着去教育孩子，而是責備瑪麗説：「請注意一下你的態度，好歹他是你的小主人！」

孩子學習不努力，成績一直提高得很慢，他們又責備瑪麗：「你是怎麼教學生的？我們的錢不能白給你的！」

瑪麗從小生活在一個高雅的知識分子家庭，父母溫文爾雅、學識淵博，兄姐們聰明好學，對人熱情有禮，即使是她的好朋友，都是有教養的人，所以，她對這個家庭的庸俗和蠻橫很不習慣，覺得這個家的人簡直是一些「被財富毀了的人」。

但瑪麗並沒有因此而放棄這份工作，為了履行對家庭的責任，為了掙錢讀大學，她將一切不愉快統統拋到腦後，仍然無怨無悔地幹下去。

但是，那增長緩慢的積蓄常常使她感到洩氣，什麼時候才能湊足留學的錢呢！

更使瑪麗難過的是姐姐布羅妮亞憂鬱的臉孔。

姐姐中學畢業以後，已經在家裏呆了好幾年了。除了幫助父親打理家務，她還幫人補習，努力為她的大學

夢積攢經費。可是，在巴黎讀醫科要五年，五年的學費和各種生活費，得要多少錢啊，她只好一年一年地攢，一年一年地等，那個夢，還是遙遙無期。而這一年，她已經二十歲了。

瑪麗理解姐姐的痛苦。在這個充滿愛的家庭裏，瑪麗和布羅妮亞的感情最深。媽媽去世的時候，瑪麗才十歲，布羅妮亞代替了媽媽的位置，在日常生活中無微不至地關懷着瑪麗，瑪麗每當想起這些，都感激非常。

瑪麗決心要用自己的實際行動回報姐姐。

一天，布羅妮亞正在皺着眉頭，計算着自己那點積蓄，瑪麗悄悄地走了過來，關心地問：「姐姐，這些錢夠你在巴黎生活幾個月？」

布羅妮亞深深地歎了一口氣，說：「只夠在醫學院一年的費用。」

瑪麗說：「我倒想了個好辦法，如果可行的話，再過幾個月，你就可以去巴黎了。」

布羅妮亞驚叫起來：「瑪麗，你瘋了，竟然跟我開這樣的玩笑！」

瑪麗認真地說：「我沒瘋，這個方案我已經考慮很久了。如果我們還是各自去努力，那我們的理想都不知何年何月才能實現。但要是我們聯合起來，那情況就不

同了。」

　　布羅妮亞眼睛瞪得大大的，看着妹妹孩子氣的臉。瑪麗摟住姐姐瘦削的肩膀，繼續說下去：「辦法是這樣的。你去巴黎讀書的第一年，用你自己攢的錢，第二年，就用我的錢，我會努力地掙錢寄給你，一定不會讓你誤了學業。等你畢了業，找到工作了，那就輪到你供我讀書。這樣你很快就可以實現理想，而我的理想雖然實現得晚了些，但也可以保證不會落空。這不就兩全其美了嗎？！」

　　布羅妮亞被妹妹的情義感動得熱淚盈眶。她含着淚說：「謝謝你，我的好瑪紐希雅，謝謝你想出的好辦法！但是，我為什麼要先走呢？你比我聰明，比我勤奮，你一定比我更有前途！所以，無論如何，你要先走，姐姐先供你讀書好了。」

　　瑪麗看着姐姐，說：「姐姐，我知道你是真心為我好。但是，你已經等了很多年了，你不可以再等了！」

　　布羅妮亞沒再說什麼，只是一把摟住瑪麗，痛痛快快地哭了一場。

　　不久，布羅妮亞登上了開往巴黎的火車。火車開動時，她還朝來送行的親人們揮動手絹，大聲喊着：「再見！我愛你們！」

二姐離開家上大學以後，瑪麗肩上的擔子更重了。除了資助二姐之外，她還得為父親的將來打算，因為父親也快要退休了，為了供養一班兒女，他平時根本就沒有什麼積蓄，退休後也需要幫助。

這時候，朋友給瑪麗介紹了一份到鄉下當家庭教師的工作，報酬比現在優厚很多。瑪麗毫不猶豫地答應了。

雖然，她要去的地方是一個完全陌生的環境，雖然，她要離開親愛的家好幾年，但是，為了姐姐，為了父親，她願意承受道一切。

就這樣，年輕的瑪麗收拾了簡單的行李，離開了她溫暖的家。

想一想

1. 瑪麗用什麼辦法為自己籌集學費？

2. 瑪麗為什麼決定先資助姐姐到巴黎讀大學？你對她這種無私行為有什麼看法？要是換了你，你也會這樣做嗎？

六 鄉村女教師

　　新的工作地點離華沙有一百多公里，瑪麗坐了三小時的火車，四小時的雪橇，才到達新僱主的家。旅途勞頓，使她疲憊不堪，幸好新僱主左洛斯基一家的熱情接待，才使她得到一些慰藉。

　　左洛斯基先生是一位農學家，精通新技術，他除了替一位親王管理二百公里領地，還管理着一家糖廠，並擁有糖廠的大部分股權，在當地算得上是一個小富戶。他對瑪麗很客氣，並沒有像以前那些僱主那樣，一副居高臨下的樣子。

　　左洛斯基夫人的臉老是繃得緊緊的，看上去不是很好相處的人，但對瑪麗總算客客氣氣的。

　　左洛斯基有七個兒女：三個兒子在華沙讀書，在家還有十八歲的布朗卡、十歲的安霽亞、三歲的斯塔斯，以及才六個月大的小女孩瑪麗史娜。幾個孩子都出來迎接瑪麗，顯得很有禮貌，連三歲的斯塔斯都主動上前跟瑪麗拉拉手。

　　左洛斯基家住在一幢兩層的小樓房，可能是年久

了，顯得有點殘舊，但在一片低矮的木屋當中，已很有「鶴立雞羣」的感覺了。

瑪麗很快被帶到了一個整潔的房間。推開那寬闊的大窗子，窗外並沒有瑪麗想像中的綠色原野、清清的小溪流，有的只是一片片甜菜地，和一座甜菜糖廠。最大煞風景的是糖廠那個大煙囱，不斷地冒出縷縷黑煙，把天空遮了半邊。

知識門

甜菜：

主根為肉質塊根，有圓錐形、紡錘形和楔形，皮呈紅、紫、白或淺黃等色。葉形多變異，有長圓形、心臟形或舌形，葉面有皺紋或平滑。花小，綠色，果實成球狀。塊根可製沙糖。

但瑪麗並沒有因此而失望，她覺得，這裏雖然落後一點，偏僻一點，但比起律師家的豪華排場掩蓋下的自私俗氣，她寧願在這窮山僻壤待下去。

瑪麗開始了她的鄉村女教師生涯。她一天工作七小時，用四小時給安霽亞上課，用三小時給布朗卡上課。工作不是太辛苦，兩個學生也都很用功，全不像那個律師的孩子，一天到晚淘氣生事。

瑪麗也和左洛斯基一家人相處得很融洽，尤其是布朗卡，她聰明伶俐，個性又十分善良，瑪麗常叫她「小天使」。左家的孩子也很喜歡瑪麗，不叫她老師，卻喜歡姐姐前姐姐後的，只要瑪麗不是在上課，他們總像小

尾巴一樣在瑪麗後頭跟進跟出的，要瑪麗陪他們玩。

　　瑪麗針對小孩子愛動愛玩的天性，常常帶左家的孩子到野外散步，走累了，就找個地方坐下來，拿出一本好看的故事書，給孩子們朗讀。每當這時候，一羣穿得破破爛爛、髒兮兮的小孩子就會圍上來，眼裏露出渴望的光，入神地聽着。

　　瑪麗跟這些孩子聊天，知道他們都是一些窮人家的孩子，因為這窮村僻壤沒有學校，所以他們一直沒有機會讀書。

　　瑪麗很同情這些孩子，她腦海裏突然閃過一個念頭：不如自己抽時間來教這些孩子波蘭語，讓他們學會民族語言和民族歷史！於是，她對那些孩子説：「姐姐教你們認字，好嗎？」

　　一個大眼睛的女孩問：「學會了認字，我們就可以自己看故事書了嗎？」

　　瑪麗笑着點了點頭。

　　那些孩子聽了都爭先恐後地説：「那我也要學認字！我也要學認字！」

　　瑪麗把自己的想法和左格斯基夫婦講了，他們都表示支持瑪麗的做法，布朗卡還熱心地要做瑪麗的助手。

　　瑪麗看着布朗卡充滿朝氣的臉孔，擔心地説：「這

件事你最好不要插手，要是被俄國人知道了，會把我們放逐到西伯利亞去的。」

布朗卡一點也不怕，她說：「我才不怕那些俄國佬呢！你敢做的事，我也敢！」

很快就收了十多個學生。每天，瑪麗給安霽亞和布朗卡上完課之後，就在自己的小房間裏給那些窮孩子上課。

日子在一天天過去，安霽亞和布朗卡的學業在不斷進步，而那些窮孩子也逐漸學會了寫字，學會了看簡單的故事書。瑪麗看着這些可愛的孩子，覺得生活充滿了樂趣。

1886年聖誕節，左洛斯基的大兒子卡西密爾從華沙回家度假，第一次見到了年輕的家庭女教師。他馬上被這位美麗的金髮女孩吸引了。

這時，瑪麗剛滿十九歲。花樣年華的女孩子，一雙灰色的大眼睛閃爍着聰慧的光，緊抿的嘴脣顯示出她個性的堅毅，一舉手，一投足部高貴嫻雅。工作和學習的時候，她是無比的專注、認真。閒時她又充分表現出健康活潑的個性，能划船，會游泳，騎起馬來颯爽英姿，

還有她在舞場上優美的舞姿，簡直讓卡西密爾着了迷。

卡西密爾向瑪麗展開了追求。

別看瑪麗外表顯得冷靜、堅強，但內裏卻有着一顆溫柔的容易被感動的心，她很快就對英俊瀟灑的卡西密爾產生了好感。經過了幾個假期的接觸，他們的感情已經到了難分難捨的地步。

卡西密爾徵得了瑪麗的同意之後，決定向父母提出訂婚的要求。卡西密爾認為，瑪麗是這麼一個完美的女孩子，而父母又這麼喜歡瑪麗，他們絕不會反對這門婚事。

但偏偏事與願違。父親大發雷霆，母親哭得要死要活，他們堅決不同意兒子娶這個家庭教師。

卡西密爾感到委屈極了，他對母親説：「你們平時不也很喜歡瑪麗，説她又溫柔又有才氣，是一個不可多得的女孩子嗎？」

父親大聲説：「好女孩是一回事，好媳婦又是另一回事，以我們家的地位和財產，又怎可以娶一個門不當戶不對的窮家庭教師？！你想把父母活活氣死嗎？」

卡西密爾心裏對父母的看法並不認同，但這個性格懦弱的年輕人根本沒有勇氣去反抗自己的雙親，他黯然地離開了家，回華沙去了。

　　單純善良的瑪麗怎麼也沒有想到，平日喜歡她關心她的左洛斯基夫婦，轉眼間就把社會界限樹立起來，讓她無法逾越。她一下跌進了痛苦的深淵。

　　失戀本身就是一件令人傷心的事，而不得不繼續留在這個令人傷心的地方，更是使瑪麗痛苦萬分。離開，或者可以使自己慢慢淡忘，但她卻無法這麼灑脫——她要供姐姐讀書，她不能辭去這份薪金優厚的工作。

　　瑪麗把眼淚吞進肚子裏，她裝作沒事人一樣，繼續留在左洛斯基家裏，和往常一樣勤勉地工作着。只是，她和左格斯基夫婦再也沒有了以往的融洽和諧，從他們溫文的臉孔下面，她看到了一個可怕的現實——他們只是把她當作一個花錢僱來的傭人。

　　1889年聖誕節，父親斯克勞夫斯基託人在華沙給瑪麗找了一份家庭教師的工作，瑪麗終於告別了四年的鄉村女教師生活，回到了華沙。

　　遠遠地，她就看到了站在家門口的老父親，看見了老父親那一頭在晚風中飄動的白髮。老父親在翹首以待，等着分別了整整四年的小女兒回來。

　　瑪麗扔下了手裏的行李，飛快地跑了過來，撲到了父親的懷裏，哽咽着說：「爸爸，我好想您！」

　　她淚如雨下，好像要把這些年強吞在肚子裏的眼

淚，一下子全部倒出來。

斯克勞多夫斯基摸着女兒的一頭秀髮，慈愛地說：「別哭，孩子，你已經回到家了，以後，再也沒有人會傷害你。」

在家真好！瑪麗白天去給新僱主的孩子上課，晚上就像小時候那樣，陪伴着父親，坐在溫暖的火爐邊，聽父親朗讀那些優美的世界名著故事。

不久又傳來了姐姐布羅妮亞託人精來的好消息：她馬上要和一位醫生結婚了，叫瑪麗以後不必再給她寄錢交學費。她還叮囑妹妹再攢多幾百盧布就可以去巴黎求學，到時食住都可以在她家裏。

瑪麗太高興了，因為這樣的話，她再工作一年就可以去巴黎了。

1891年9月，瑪麗終於攢夠了去巴黎求學的錢，盼望了多年的願望就要實現了，這怎麼不叫她興奮呢？！為了省錢，她買了最便宜的四等車廂，為了到巴黎以後花費少些，她把可以帶的日用品全帶上了：被子、牀單、毛巾、衣服鞋襪，還有書本呀茶葉呀，塞滿了一大箱子。

父親把心愛的小女兒送到火車站，瑪麗依依不捨地和父親告別，她含着眼淚說：「您多保重，我會很快回

來的！少則兩年，多則三年，只要我一完成學業，就馬上回來陪您。」

斯克勞多夫斯基緊緊擁抱着瑪麗，説：「小瑪紐希雅，爸爸等着你，等着你學成歸來。」

想一想

1. 瑪麗是怎樣冒着危險，教孩子們學習波蘭語言的？

2. 瑪麗和卡西密爾真心相愛，為什麼會遭到強烈反對？

七 「英雄歲月」

　　1891年11月3日，一個值得紀念的日子，瑪麗終於用她多年辛勞換來的血汗錢，報讀了當時歐洲最著名的大學——巴黎大學理學院。

　　新的生活開始了，瑪麗就像一塊海綿一樣，如飢似渴地吸收着老師教給的知識。不管上什麼課，瑪麗都是最早一個到達課室，總是在最前面的位子坐下，專心致志地聽課。那些教師都是一些很著名的教授，講起課來深入淺出，說理透徹，把那些科學道理講得十分生動。教授們還常常提出一些發人深省的問題，讓學生自己去思考，讓學生充分發揮想像力。

　　知識的力量把瑪麗完全懾服了。她最喜歡聽的是李曼和阿佩爾教授的課，這兩位教授知識淵博，好像宇宙就掌握在他們的手中。「拿起太陽，再扔出去……」阿佩爾教授這句豪邁的話，簡直讓瑪麗着迷了。她暗自下了一個決心，要向那無窮無盡的科學領域進發，自己也要做一個掌握宇宙的人！

　　在剛開學的幾個星期裏，瑪麗碰到了兩個很大的難

題。一是她的法文程度不是很好，老師用法語授課時，她聽得很吃力。還有就是她各學科的基礎都比不上別的同學，因為她在華沙女子中學所學到的，以及自學的知識，遠比不上巴黎中學的畢業生來得扎實，尤其是數學和物理方面差距更大。再加上自從中學畢業後，她就出外工作為自己攢取學費，沒有多少時間去提高、充實自己。但她一直沒有把自己遇到的這些困難告訴姐姐和姐夫，不想讓他們為自己擔心。

　　為了彌補自己的不足，瑪麗盡量把握每一分每一秒的時間，如飢似渴地學習。在學校，她整天聽課、記筆記、做實驗，晚上回到家匆匆忙忙吃了晚飯，就把自己關在房間裏，整理筆記，複習功課，再自修數學和物理。

　　但她很快又遇到了第三個難題。

　　瑪麗一來就住到了姐姐家裏。姐姐和姐夫都是醫生，白天工作很緊張，以至晚上都想鬆弛一下，所以他們常常在晚上邀請一些朋友回家玩。他們打牌、喝酒、彈琴唱歌，熱鬧非常。嘈雜的聲音使瑪麗不能定下心來學習，姐姐還常常跑來敲瑪麗的門，邀她出來和大家一起玩。還有，經常有人半夜來請姐姐和姐夫出診，那夜半拍門聲響過之後，瑪麗就再也難以入睡。

　　這可苦了瑪麗，但她又不好意思跟姐姐講，她苦惱極了。考慮再三，她決定搬出姐姐的家。

　　瑪麗把決定告訴了姐姐，姐姐驚訝地問她理由，她只是說因為從姐姐家到學校要一個小時的路程，太浪費時間了。姐姐原先堅決反對，她怕妹妹不會照顧自己，又怕妹妹太用功，不注意休息。但又拗不過固執的妹妹，只好勉強同意了。

　　瑪麗在離學校不遠的地方租了一間最便宜的小**閣樓**，這房子原來是個傭人房，斜斜的天花板上開了一個四四方方的小窗戶，空氣和陽光就從這唯一的窗子透進來，四邊牆壁髒兮兮的。房間裏既沒有火爐，又沒有水電，要水，還得跑七層樓到樓下提水上來。但瑪麗連眉頭都不皺一下，在這間簡陋的小閣樓一住就是三年。

知識門

閣樓：
在較高的房間內上部架起的一層矮小的樓。

　　由於瑪麗原先是沒有把這食宿費用算在開支裏的，這樣一來，帶來的錢就不夠用了。她把手裏的錢分成一小筆一小筆，每月限定只用四十盧布，這四十盧布包括用於衣、食、住、參考書、文具和大學的學費。

　　巴黎的冬夜格外寒冷，瑪麗有時凍得沒法入睡，她

就把自己所有的衣服都穿上，實在不行，還把屋裏唯一的一張椅子也壓在身上，用增加重量的方法來取暖。

為了節省開支，她沒有買過一件新衣服，她甚至步行上學，連交通費也省了下來。

為了爭取多一點時間來讀書，瑪麗連燒飯的時間也省下了，每天就着一杯清茶啃一個麵包，就當是吃了一頓。

她吃得不好，又不注意休息，這使她嚴重貧血。有一天，她突然昏倒了。同學馬上通知她的姐夫。但當姐夫趕來時，發現剛剛醒來、臉色蒼白的她又在忙着寫一份學習報告。

姐夫檢查了食物櫃，發現只有一小包茶葉，再看看那隻擱在牀下的鍋子，都生繡了，分明是許久沒用過。

姐夫生氣地問：「你今天吃過什麼？」

瑪麗囁囁嚅嚅地説：「一點櫻桃，還有……」

原來，從前一天到現在，她就吃了一把櫻桃。

姐夫很生氣：「你根本就是餓昏的，你怎麼可以這樣糟蹋自己！」

姐夫把瑪麗帶回了家。姐姐心

知識門

櫻桃：

落葉喬木，葉子長卵圓形，花白色略帶紅暈。果實近於球形，紅色，味甜，可以吃。

痛極了，她一邊流着眼淚責備自己沒有盡到照顧妹妹的責任，一邊給瑪麗做了一頓營養豐富的晚餐。

在姐姐的精心照顧下，瑪麗一個星期就恢復了健康。但是，她又執意要回到那個小閣樓去了，姐姐兩夫婦怎麼留也留不住。

瑪麗回到了小閣樓後，又按照自己的生活方式，學習，學習，再學習。

功夫不負有心人，瑪麗很快熟練地掌握了法語，物理和數學科也都趕上了其他同學。1893年7月，她就以第一名的成績通過了物理學學士考試，第二年又考取了數學學士學位。不久，她獲得了「亞歷山大獎學金」，這是波蘭政府資助在國外的優秀生繼續求學的一項獎金。

瑪麗終於以她過人的意志和毅力，邁開了她成為偉人的第一步。

後來，瑪麗的家人都把瑪麗住在小閣樓的這段艱難日子，稱之為「英雄歲月」。

1. 瑪麗是怎樣對待學習上遇到的困難的？

2. 瑪麗在短短時間內就考取了兩個學士學
   位，你認為是由於她的天分，還是由於
   她的勤奮？

八 皮埃爾・居里

1894年，瑪麗開始了對不同鋼種的磁性的研究。學校的實驗室太小了，根本放不下研究需用的複雜設備，以及為分析各種礦物而收集的金屬樣品。瑪麗不禁發起愁來。

剛好這時候，波蘭物理教授科瓦爾斯基和新婚妻子來巴黎度蜜月，當他得知瑪麗的困難時，熱心地對她説：「我認識一位很有學問又熱心助人的學者，他叫皮埃爾・居里，是巴黎市立工業物理及化工學院的實驗室主任。我可以介紹你認識他，我想這會對你有幫助。」

瑪麗一聽，高興地説：「皮埃爾・居里？我知道這個人。他曾經發明了一種精密的天秤，被人稱為『居里天秤』，我還知道他現在正做着關於磁性的試驗。」

一個溫馨的夜晚，在科瓦爾斯基教授的寓所裏，瑪麗和皮埃爾・

知識門

天秤：

較精密的衡器，根據槓杆原理製成。槓杆兩頭有小盤，一頭放砝碼，一頭放要稱的物體。槓杆正中的指針停在刻度中央時，砝碼的重要就是所稱物體的重量。多用於實驗室和藥房。

居里見面了。皮埃爾長得高大英俊，瀟灑有禮，很有學者風範，他和藹可親的笑容，爽朗風趣的談吐，一下就打動了瑪麗的心。

皮埃爾親切而耐心地聽瑪麗講述她的研究和碰到的困難，他很喜歡眼前這個美麗、堅毅的波蘭姑娘，特別是她毫不造作的嫻雅神情，還有那對事業的執着。能用科學術語和複雜的公式同一個可愛的女子對話，而這女子不但能理解，還能正確敏銳地和他討論某些細節，這是皮埃爾從未有過的事，他心裏暗暗讚歎着：「好一個奇女子！」

皮埃爾1859年出生在一個著名醫生家庭，是一位很有天分的法國學者。他自少就聰明好學，十八歲就獲得理科學士學位，十九歲就被任命為巴黎大學理學院德山教授的助手。不久，皮埃爾就同他的哥哥一同發現了「壓電效應」、「液壓電效應」，還有許多用處的新儀器「壓電石英靜電計」。這個新儀器被人們稱為「居里計」，能把微量的電流準確地測出來，因此，他們獲得了普朗泰獎。

後來，皮埃爾又單獨進行實驗研究，發明並製造了一種最精確的天秤——居里天秤。之後，他又取

知識門

普朗泰獎：
法國授於科學家的最高榮譽。

得一項很重要的研究成果，發現了一種基本定律：順磁質的磁化率與絕對溫度成反比，人們稱之為居里定律。

就這樣，皮埃爾將所有的精力放在科學研究上面，一心追求理想，他那異於常人的腦袋裏，除了科學還是科學，再也沒有空餘的地方去放置愛情。以至到了三十六歲，還沒有結婚。

但瑪麗卻讓這個天才科學家改變了一切。

自從見過瑪麗之後，皮埃爾感到了一種從未有過的感覺。只要有空，他就不由自主地跑到瑪麗住處，和瑪麗切磋學問。經過了一段時間的接觸，他越來越為瑪麗的博學和堅忍所驚訝。

皮埃爾愛上了瑪麗。他將自己出版的一本書送給瑪麗，他在扉頁上寫道：

> 送給斯克勞多夫斯卡小姐：
> 以作者無限的敬意和友誼！
>
> 皮埃爾·居里

幾個月過去了，他們的感情日增，彼此建立了一種深厚的友誼。天才科學家皮埃爾在瑪麗面前服貼得就像個聽話的小弟弟，在瑪麗的鼓勵下，寫出了一部極具科學價值的有關磁性方面的著作，並且完成了一篇十分轟

動的博士論文。

有一天，皮埃爾鼓起勇氣向瑪麗發出邀請：「瑪麗，想見見我父母嗎？他們都是很好的人。」

瑪麗答應了。

皮埃爾興奮地把瑪麗帶到自己家，讓她和父母見面。瑪麗馬上就喜歡上了這兩位很有知識又和藹可親的老人。老居里和皮埃爾一樣聰明又仁慈，老夫人雖然身體不大好，但仍然開朗熱情。

老居里夫婦也很喜歡瑪麗。他們常在兒子口中聽到對這個波蘭姑娘的讚美，還不大相信，一見之下，才知道兒子說得一點沒錯。兩夫婦不禁悄悄交換眼色：要是兒子能娶到這樣的好女孩，那該多好！

瑪麗走了以後，兩位老人都迫不及待地鼓勵兒子：得加把勁了。這樣的好女孩，小心讓別人搶了去！

不久，瑪麗以出色的成績通過了畢業考試，她告訴皮埃爾，自己要回華沙了。

皮埃爾急了，他鼓起勇氣向瑪麗說：「你可以為我留下來嗎？」

瑪麗的臉「刷」地紅了，她眼睛睜得大大的，惶恐地看着皮埃爾。皮埃爾以為她不明白自己的意思，又說：「我喜歡你，請你嫁給我！」

瑪麗低下了頭。其實，她早就明白了皮埃爾的意思，她也愛皮埃爾，可是，她不能留下來。她到法國求學，就是為了學成回國，為祖國服務。嫁給一個法國人，就意味着要永遠離開自己的祖國，這在瑪麗看來，簡且就是背叛祖國，拋棄波蘭，她不能這樣做！況且，親愛的老父親在望穿秋水，盼望自己回家。

所以，雖然瑪麗心底裏深深愛着皮埃爾，但她還是義無反顧地回了波蘭。分手的時候，她努力忍着眼裏的淚水，對皮埃爾説：「我們永遠是朋友。」

就跟鍥而不捨地追求科學上的真理一樣，皮埃爾也同樣鍥而不捨地追求瑪麗。他每隔一天就寫一封信給瑪麗，在信裏就像一個固執的大孩子一樣，用各種理由説服她。

皮埃爾的熱情使瑪麗很感動，何況，她也愛着皮埃爾呀！因為心裏矛盾，她一天到晚都顯得心事重重。

斯克勞多夫斯基早就從布羅妮亞的來信中知道了瑪麗和皮埃爾的事，他知道皮埃爾是一個可以令女兒幸福的人。為了女兒的前途，這個通情達理的老人寧願自己忍受孤獨，也説服女兒回了法國。

皮埃爾就像一個雀躍的大男孩子，歡天喜地地接回了瑪麗，他迫不及待地再次向瑪麗求婚。這一次，瑪麗

羞澀地同意了。

斯克勞多夫斯基接到了皮埃爾親自寫去的信後，急急忙忙地趕到巴黎，參加愛女的婚禮。1895年7月26日，結婚典禮在一片嚴肅氣氛中完成，瑪麗成了居里夫人。這一年，瑪麗二十八歲，皮埃爾三十六歲。

居里夫婦的蜜月也是過得別開生面的，他們買了兩輛自行車，漫遊風景如畫的法國鄉村，盡情享受二人世界的快樂。或在長滿野薔薇的小山上，閉着眼睛嗅着芬芳的空氣；或躺在蔚藍的天空下，共同探討科學話題；或騎着自行車在田間小路上飛馳，比一比誰才是騎車高手！

知識門

薔薇：

落葉灌木，莖細長，蔓生，枝上密生小刺，花白色或淡紅色，有芳香。果實可以入藥，有利尿作用。

想一想

1. 皮埃爾為什麼這樣喜歡瑪麗？

2. 瑪麗本來也很愛皮埃爾，但為什麼她又堅決地拒絕了皮埃爾的求婚？

九 家庭主婦與科學奇才

帶着一身鄉土氣息，還有更加濃烈的愛情，居里夫婦回到了巴黎。十月底，他們搬進了屬於他們自己的家——格拉西埃爾路二十四號，一幢有着三個房間的小屋。

這對志同道合的夫婦，連對待生活的態度都是那麼一致，一切都從儉樸和實際考慮。他們謝絕了皮埃爾父母要替他們購置家具的建議，只是自己買了一些簡單的必需品。牀、書櫥、一張白木桌、兩把椅子、一盞煤油燈，還有一些廚具。這不光是為了節省金錢，而且是為了節省時間：他們不必花很多的時間去打掃家具上的灰塵，也不必花時間去應酬客人。因為客人來了看見只有主人的兩張椅子而沒有他的坐處，也只好快走。

生活和工作都同樣緊張，皮埃爾每天到學校教書，瑪麗就到學校的實驗室做研究工作，一直工作到傍晚，兩人才手拉着手，親親熱熱地回到家裏。

因為家庭開支就依靠皮埃爾的一百法郎薪酬，以一個兩口之家來

知識門

法郎：
法國貨幣單位。另外，比利時、瑞士等國的貨幣也叫法郎，但一般在前面加上國家名，如瑞士法郎、比利時法郎。

説，只是僅夠應付日常開支，所以根本不可能請傭人，一切的家務還得由瑪麗親自操持。

每天下班一回到家，瑪麗就開始去盡一個家庭主婦的責任。牀要鋪，地要掃，衣服要洗，晚餐也要她親手做。為了丈夫有充足的營養，她不再像以往那樣，一個麵包一杯清茶就算一頓，而是希望每頓都變出新花樣，讓丈夫吃得開開心心的，健健康康的。

要做出一盤好菜，這對瑪麗來説並非易事。瑪麗是家中最小的孩子，從小有爸爸媽媽哥哥姐姐照顧，不曾讓她做過一頓飯；到巴黎求學時，她又從沒自己做過飯，所以她連湯是用什麼配料做成的都不知道。

但瑪麗在困難面前從沒有退卻過。

她請姐姐和婆婆教她做燒雞和油煎馬鈴薯，又買來食譜，看着書上教的烹飪方法，反覆試驗。她做烹調試驗和做科學實驗一樣認真，那本食譜的頁邊空白處，密密麻麻寫滿了她在做菜時成功或失敗的經驗。

有一次，瑪麗興致勃勃地買回來一隻雞，她笑嘻嘻地對皮埃爾説：「親愛的，今晚咱們吃燒雞。」

可是，皮埃爾一直等到飢腸碌碌，還不見妻子捧着燒雞出來，他按捺不住，跑到廚房一看，天哪，那向來樂觀開朗的可愛妻子，正愁眉苦臉地對着燒焦了的雞，

一副束手無策的樣子。

看見丈夫，瑪麗委屈地嚷着：「皮埃爾，這煤氣爐的火，怎麼比實驗室噴燈的火還難操縱！」

皮埃爾放聲大笑起來，笑完了，他扔掉「焦雞」，把妻子拉到水籠頭跟前，替妻子擦去臉上和手上的污跡，然後從食物櫃裏找出兩塊黃油麵包，一把小蘿蔔，又泡了兩杯茶。他安頓妻子坐下，又笑嘻嘻地説：「好啦，我們今晚就返回你麵包清茶過日子的『英雄歲月』去好了。來，為我可愛的妻子曾經有過的英雄歲月乾杯！」

本來還在為那隻「焦雞」不開心的瑪麗「噗」一聲笑了。她調皮地舉起茶杯，和丈夫的杯子使勁地碰了一下，然後兩夫婦香甜地吃起他們的「英雄大餐」來了。

畢竟研究做菜比研究科學容易，瑪麗的廚藝越來越好，連嚴格的師傅——婆婆也朝她翹起大拇指，大讚這個媳婦「入得廚房，出得廳堂」。

就這樣，瑪麗用她的聰明智慧，證明了她不但可以做一個出色的學者，而且還可做一個巧手的家庭主婦。

每天晚上，忙完了一切，瑪麗就和丈夫面對面坐着，皮埃爾要備課，瑪麗要為考取中學教員資格證書做準備。他們常常這樣工作到深夜兩、三點鐘。

幾個月之後，瑪麗以第一名的成績，考取了中學教師執業資格。

成績公布那天，皮埃爾無比喜悅地將聰明美麗的妻子擁進懷裏，他顯得比妻了還要高興，他以自己有這樣一位妻子而感到無比驕傲！

皮埃爾對瑪麗說：「親愛的，你希望得到什麼獎賞？」

瑪麗想了想，說：「放一個星期假，我們一塊去鄉間旅行！」

於是，夫婦兩人手挽着手，高高興興地回家，準備了簡單的行李，騎上自行車，出發了。

美麗的鄉村景色，清新的大自然空氣，使他們緊張的精神得到了鬆弛。當一個星期後，他們開開心心、恩恩愛愛地回到了家時，又以更充沛的精力，投入到工作和研究中去。

不久，瑪麗成為了一家著名的女子中學的教師。

結婚後的第二年，瑪麗懷孕了！

皮埃爾得知自己快要做父親的消息以後，高興得不得了，他對妻子百般呵護，不讓她做這，不讓她做那，還強硬規定她不能熬夜。

瑪麗提出抗議：「不行不行，我只是個孕婦，可不

是個紙紮娃娃，一碰就散一摔就破。要我放下工作和研究，這萬萬不行，反正，我會注意身體的！」

皮埃爾知道拗不過倔強的妻子，只好讓步了。他盡量抽時間去多做一些家務，好讓妻子多些時間休息。

在瑪麗快滿三十歲那一年，她當了媽媽。

小女嬰取名伊蓮。她那雙美麗明亮的大眼睛，長得跟媽媽像極了。居里夫婦喜滋滋地圍着女兒，換尿布啦，餵奶粉啦，忙得不亦樂乎！他們沒有想到，這個美麗的小女孩，長大後會和他們一樣，成為諾貝爾獎的獲得者。

小伊蓮生下來的時候，身體可不怎麼好，隔不了幾天就來一次感冒啦，拉肚子啦，常使這兩位科學家疲於奔命、徹夜難眠。但瑪麗並沒有因此而放棄工作和研究，她決心要把母職和科學研究一起應付。

瑪麗這個決定使她的親人們都十分擔心。因為即使在當時自由的法國，出外工作的母親也是前所未聞的。瑪麗能應付得來嗎？

但皮埃爾和老居里醫生都支持瑪麗這一做法。皮埃爾盡量在他們不多的收入裏省出一部分錢，為小伊蓮請了個保姆。當時老居里夫人已因病去世，退休的居里醫生便搬來和兒子媳婦同住，以便幫他們照看孩子。老居

里以自己豐富的醫學知識，替多病的小伊蓮調理身體，令到小伊蓮很快健壯起來。

在親人的支持幫助下，瑪麗全心全意投入了她的工作，當時她是全歐洲兩位攻讀博士學位的女性之一，身兼母親和研究生雙重身分的她隨身總帶着三種書：一本孩子的成長記錄冊，一本科學筆記和一本家庭帳本。

瑪麗開始着手草擬她的磁化報告。不久，這篇報告在「全國工業促進會報告書」上發表了。

瑪麗的第一個孩子和第一次研究成果在同一年出世。

想一想

1. 居里夫婦的新居為什麼只放兩張椅子？
2. 瑪麗是怎樣做到事業家庭兩不誤的？

十 新的發現

在伊蓮三個月大時，瑪麗開始尋找博士論文的主題，這個決定做起來並不容易。在二十世紀初，物理學家相信他們已經發現了物理學界的每一件事，一位傑出的德國物理學家還宣稱：「除了去發現更好的測量方法外，物理已經沒有可以做的了。」

但瑪麗認為科學無止境，宇宙間還有許多秘密有待人們去發現。

瑪麗在翻閱最近的實驗研究報告中，注意到法國一位物理學家亨利・柏克勒爾前一年發表的一些著作，柏克勒爾發現這樣一個難以理解的現象：稀有金屬鈾鹽不必受光的照射會自動地放射出一種性質不明的射線。它不僅可以透過一層黑紙使照片底片感光，還能把周圍空氣變成導電體，使驗電器放電。

柏克勒爾的發現使瑪麗很感興趣。鈾化合物不斷放射出來的這種力

知識門

鈾：

放射性金屬元素。灰黑色粉狀或銀白色結晶，能放射出甲種、乙種和丙種射線，最穩定的同位素半衰期為45億年。鈾在自然界中分布極少，主要用來產生原子能。

65

量從何而來？這種幅射的性質是什麼？瑪麗認為，這是一個很有吸引力的研究課題，一篇極好的博士論文。她決心解開這個謎！

但這又是一個極不容易做到的課題，在當時，歐洲所有的實驗室中還沒有人深入研究射線，關於這個課題的所有資料只有亨利·柏克勒爾在1896年提交科學院的幾篇學術報告。但瑪麗不怕！

從童年起，瑪麗就具有探險家的好奇和勇氣，在她進行喜歡的鄉間遠足時，她都專撿沒有人走過的、荒涼的路去走。進入未知的科學領域去冒險，這對瑪麗來說，更是一件極具挑戰性的事。

瑪麗首先要物色一個能從事實驗的地方。皮埃爾永遠是妻子最忠實的支持者，他握着妻子的手，說：「你先準備研究要用的儀器，地方由我負責找。」

皮埃爾放下了自己手裏的工作，為解決實驗室問題跑了無數地方，最後終於感動了工業學院的那位老校長，同意借給瑪麗一間簡陋的儲藏室作實驗室。

瑪麗一頭扎進了實驗室。僅僅幾個星期，就取得了可喜的成果：鈾鹽的這種奇特的放射強度與化合物中所合的鈾量成正比，而不受化合物狀況或光線、溫度等外界因素的影響。這種幅射是一種原子特性。聰明的瑪麗

馬上想到了這一個問題：柏克勒爾在鈾的身上發現了這一特性，那會不會其他元素也帶有這種放射線呢？

瑪麗為自己這個想法而感到興奮，她馬上放下了對鈾的研究，去檢查所有已知的化學元素。結果和她設想的一樣，除了鈾以外，還有釷的化合物能釋放這種奇特的射線！這發現使瑪麗深信，具有放射現象的決不是鈾的特性，而是一種自然現象。她建議把這種現象叫做放射性，而鈾和釷等具有這種特性的物質叫做放射性物質。

知識門

釷：

放射性金屬元素。灰白色的粉末，發亮，質柔軟。可製鈾，也可用作耐火材料、電極等。在醫藥上的作用和鐳相同。

新的發現令瑪麗着了迷，她以更大的幹勁投入到研究中去。她將研究從鹽和氯化物擴展到一切礦物，她不知疲倦地用同一種方法研究各種不相同的物質，終於有了新的發現：有些礦物的放射性強度，比通常根據其中鈾或釷的含量預計的強度大很多。瑪麗開始還不敢相信，直到經過近二十次的重複測量之後，她才確定了：這些礦物中有一種比鈾或釷的放射性強得多的某種未知元素。

瑪麗感到非常鼓舞，她一連幾天在儀器前進行嚴密的試驗，連覺也忘了睡。姐姐布羅妮亞心痛極了，親自

做了一頓營養晚餐，送到實驗室給妹妹吃。

姐姐看着瑪麗消瘦的臉龐，説：「妹妹，這些日子你都在搞些什麼呀？」

瑪麗大口大口地吃着豐盛的晚餐，興奮地説：「我在追蹤一種沒有人知道的新元素！」

姐姐驚訝地睜大眼睛，她覺得不可理喻：「沒有人知道的？那你又怎麼知道它一定會存在？」

瑪麗説：「我知道它一定存在！我相信自己，相信皮埃爾！」

瑪麗用她充滿了愛意的眼睛望着皮埃爾。

皮埃爾一直支持瑪麗的研究，開始時只是在一旁指點和給意見。但當瑪麗研究越來越深入、很需要一股合作力量時，皮埃爾決定暫時停止自己在結晶體方面的研究，來幫助瑪麗，兩夫妻齊心合力，共同尋找這未知的新元素。

皮埃爾的加入，令到研究進度突飛猛進。居里夫婦日以繼夜地工作者，他們按着化學分析的程序，把組成瀝青鈾礦的各種物質分開，然後再逐一測量所分開的物質的放射性。經

知識門

瀝青：

有機化合物的混合物，黑色或棕黑色，呈膠狀，有天然產的，也有從分餾石油或煤焦油得到的，成分不盡相同。可用來鋪路面，作建築物防水材料、防腐材料和電器絕緣材料。通稱柏油。

過一輪一輪的淘汰，逐漸得知那種「反常」的放射性是隱藏在兩個化學部分裏。居里夫婦都一致認為，這是有兩種不同的新元素存在的跡象。

有志者事竟成，1898年7月，居里夫婦自豪地向外宣布：他們已經發現了這兩種元素中的一種。在他們共同撰寫的論文中説：「我們相信我們從瀝青鈾礦中提取的物質含有一種尚未被人們注意的金屬。它的分解特徵與鉍相近，放射性比鉍強四百倍。如果這種新金屬的存在確定了，我們提議用我們之中一個人的祖國的名字來命名，把它叫做『釙』……」

瑪麗始終忘不掉她親愛的祖國，因此，她給這發現的新元素起了一個同波蘭一詞詞根相同的名字，還在將論文提交理科博士學院的同時，也寄了一份回祖國波蘭。在華沙的《光明日報》和法國的《巴黎日報》上，幾乎同時發表了這份論文。

發現釙之後，居里夫婦乘勝向科學的縱深進軍。當他們在測試鈾瀝青含鋇的部分時，他們發現了比鈾的放射強度大九百倍的更大放射性。兩夫婦興奮極了，他們

知識門

鉍：

金屬元素。銀白色，質地硬而脆。鉍合金鎔點很低，可做保險絲和汽鍋上的安全塞。

70

馬上把這種具有高度放射能力的物質與鋇分離,結果發現了另一種新的放射性元素。他們把這種新元素叫做「鐳」。

知識門

鋇:

金屬元素,是一種鹼土金屬,銀白色,容易氧化,燃燒時發出黃綠色的光。

想一想

1. 是什麼力量令到瑪麗不怕困難、鍥而不捨地去探尋未知的新元素?

2. 皮埃爾是怎樣支持妻子的工作的?

十一 神奇的藍光

居里夫婦的研究成果，在科學界引起了極大的反響。他們所指出的釙和鐳的基本特性，推翻了半個世紀以來學者們的基本理論。當時，幾乎所有的專家都對這個新發現採取了觀望的態度。許多人還強調：直到現在，沒有人看見過釙和鐳，沒有人知道它們的原子量，一些人還說：「沒有原子量就沒有鐳，把鐳指給我們看，我們才可以相信！」

一個月明星稀的晚上，瑪麗和皮埃爾手拉手，在門前那條幽靜的小路上默默地走着。忽然，瑪麗停了下來，她堅定地對丈夫説：「我們明天就開始幹，拿出真憑實據給他們看！」

皮埃爾擔心地望着妻子深陷的雙頰，早前緊張的研究工作，她已累得病了幾坎，而在鈾礦中提煉出純鐳或釙，卻比先前的研究不知要艱苦多少倍。

「瑪麗，我們一無資金二無設備，我們研究工作將會碰到極大的困難，你的身體頂得住嗎？」皮埃爾擔心極了。

瑪麗仰頭望着高大強壯的丈夫，笑着說：「有這麼一個堅強的臂膀給我依靠，我怕什麼？！皮埃爾，有你在，我什麼困難都不怕！」

兩雙手緊緊地握在一起，這是力量與力量的交流，這是智慧與智慧的融匯，這對在科學的道路上勇於攀登的夫妻，決心再去攻克又一個難關。

難題馬上就擺在面前，用作提煉用的瀝青鈾礦是非常貴重的，而且，需要大量的瀝青鈾礦，才能提煉出小量的鐳和釙。

以居里夫婦的經濟條件，他們實在沒錢去買來這麼大量的瀝青鈾礦。但是他們馬上又想到，在瀝青油礦的殘渣裏，也一定含有這兩種放射性的新元素。而這些殘渣，價錢可就便宜多了。

但是，要買到這些殘渣也並非容易的事，幸好有了維也納科學院一位著名教授相助，奧地利政府願意無償出讓幾噸礦渣給居里夫婦。

礦渣有了，但還得從維也納運回來，為了支付那筆龐大的運費，居里夫婦把所有的積蓄都花光了。

接下來要解決的是，要找一個實驗室來提煉礦渣。兩夫婦四處奔走，希望能找到一間理想的實驗室，但是，他們跑到精疲力盡，卻仍然一無所獲。沒辦法，他

們只好回到工業學院，瑪麗最初進行實驗的那間小實驗室。

　　這實在不是一個理想的實驗室。由於它的屋頂裝有幾塊大玻璃，夏天太陽直射進來，熱得汗流俠背；冬天呢，因為避免毒氣襲人，不能把窗子關上，寒風習習，連手指都給凍僵了，有時候連筆都拿不動。要是碰上下雨，就更加麻煩了，雨從屋頂的裂縫，還有敞開的窗戶往屋裏飄，外面下大雨，裏面下小雨，外面的雨停了，裏面還濕得一團糟。德國著名化學家奧斯特瓦爾特曾來這裏探訪過居里夫婦，他一踏進實驗室，就馬上被這惡劣的環境嚇呆了。事後，他對人説：「那裏哪像實驗室，簡直跟**馬廄**①或馬鈴薯窖一樣簡陋。要不是看到一些化學儀器，我真以為是走錯門了！」

　　但是，居里夫婦就在這裏整整度過了四年。

　　除了環境差之外，工作也是艱苦的。由於經濟不許可，他們沒辦法再請工人，所以一切那得自己親自去做，包括一些很繁重的體力勞動。長期在條件惡劣的環境下運行工作，皮埃爾得了一極四肢疼痛的病，渾身沒勁，更談不上進行體力勞動了，這使皮埃爾一度失去信

---

① **馬廄**：飼養馬匹的房子。

心，甚至想中止試驗。

　　瑪麗卻堅定地說：「試驗不能停，以後，你就負責觀察試驗過程和將結果記錄下來。其他的提煉和分析工作，我來做。」

　　皮埃爾實在不忍心這樣做，他說：「你身體也不好，我不能讓你一個人去幹這些又髒又累的工作。」

　　瑪麗說：「別擔心，我知道自己的承受能力，我可以做得到的。」

　　為了試驗的成功，皮埃爾只好同意了。

　　從此，瑪麗以她瘦弱的身體，擔起了一個強壯男子才能承擔的工作。每天，她穿着污跡斑斑的圍裙，手裏拿着一根同她一樣高的鐵棒，連續幾小時攪動着熔化鍋裏沸騰着的溶液。煙薰，火燎，還有溶液裏不斷散發出來的有毒氣體，都令到瑪麗精疲力盡、頭昏腦脹。每一天下來，她都幾乎要因過度勞累而崩潰。

　　艱苦的日子在一天天、一年年地過去，三年了，雖然他們常常覺得自己距離成功只有一步之遙，但這一步卻邁得那麼長，那麼艱苦。

　　但居里夫婦始終認為，鐳一定存在，總有一天，他們會揭開它神秘的面紗。

　　除了有幾位關心他們的試驗的科學家來探訪過外，

他們幾乎過着與世隔絕的生活。渴了，就燒些熱水喝，餓了，就在爐子上隨便煮些東西填飽肚子。他們的生活除了實驗還是實驗，根本無暇顧及其他。

成功永這是屬於在科學的道路上不畏困難的人！1902年4月，居里大婦經過了四十五個月的不懈努力，終於把十分之一克純鐳提煉出來了。先前猜想它在瀝青鈾礦中含量是百分之一顯然是錯誤的，實際上它在瀝青油礦中的含量只是百萬分之一。因此，居里大婦是從八噸瀝青鈾礦殘渣中把十分之一克鐳提煉出來的。這裏面的艱辛真是難以用語言去表達。

這天，他們把那十分之一克極之珍貴的鐳放在實驗室裏，懷着輕鬆的心情回家了。他們不會擔心這無價之寶會被人偷去，因為在外人的眼裏，這間破破爛爛的屋子，根本沒有什麼值得偷的東西。

四年以來，居里夫婦第一次享受了這樣一個悠閒而寧靜的夜晚。但瑪麗一直顯得心神不定的，成功的喜悅令她難以平靜下來。她對丈大説：「我很想再看那些鐳一眼。」

皮埃爾説：「明天，你就可以看個夠了，還是早點休息吧。」

瑪麗簡直是懇求地説：「我想現在就去看，好

嗎？」

皮埃爾笑了，其實，他何嘗不想馬上去看看和妻子奮鬥了四年的成果，於是，他們手挽手回到了實驗室。當他們推開了那扇破爛的大門時，眼前一幅奇異的景象使他們大吃一驚！

黑暗裏，滿屋子微藍色的熒光在閃爍着，簡直像是童話世界裏的魔宮。

兩夫婦摒住呼吸，在黑暗中找了個地方坐下來，驚訝地追蹤着那藍光的來源。瑪麗驚叫起來：「天哪，是鐳！我們提煉出來的鐳！」

沒錯，那神奇的藍光，是從那許多個小玻璃管裏發出來的，而那小玻璃管裏，就裝着他們那些珍貴的鐳。

在白天，它們就像一些白色的鹽末，毫不起眼，真沒想到，在黑暗中它們能放射出這麼奇異的光。

夫婦兩人就這樣互相依偎着，悄悄地在那裏坐了整整一夜，欣賞着他們努力了四年得來的奇異成果，沉浸在深深的幸福之中。

當許多年過去以後，瑪麗回憶起這個晚上時，仍然禁不住心情激動，她說：「在那間破屋子裏，我和皮埃爾渡過了一生中最美好、最幸福的時刻。直到生命終結那天，我都不會忘記那個時刻。」

經過了居里夫婦不懈的努力，鐳終於提煉成功了！

瑪麗也因「關於放射性物質的研究」這篇轟動的論文，獲得了理學博士的學位。

但在這令人振奮的日子裏，也發生了一件令瑪麗萬分悲痛的事情，她親愛的父親去世了。

想一想

1. 居里夫婦是怎樣克服一無資金二無設備的困難，開始了他們研究和提煉鐳的第一步的？

2. 居里夫婦是在怎樣艱苦的條件下把鐳提煉出來？

十二 諾貝爾獎得主

為了研究和提煉鐳，居里夫婦付出了他們八年的寶貴歲月，付出了他們的健康。那麼，到底鐳是一種什麼樣的東西呢？

鐳是一極放射性元素，它的射線能透過最密物質，只有鉛能夠擋住這種看不見的射線。鐳的本身在不斷變化者，在放射狀態中產生氦氣和氡氣。

鐳不但能自身發光，而且能發熱，能透過黑紙而使照相紙的底片感光，能使空氣變成導電體。如果用棉花包着鐳，它就會腐蝕這些物質，使這些物質變成灰屑。

鐳還是癌症病人的福音，因為它的放射性可以破壞病毒侵蝕了的細胞，然後又會構成新的健康組織。

因此，鐳的發現震動了全世界，鐳的驚人特性和廣泛用途，使

知識門

氦氣：

氣體元素。是一種惰性元素，無色無臭，可用來填充燈泡和霓虹燈管，也用來製泡沫塑料。液態的氦常用作冷卻劑。通稱氦氣。

氡氣：

放射性氣體元素，是由鈾衰變而成的。醫藥上用來治療癌症。也叫鐳射氣。

癌症：

上皮組織生長出來的惡性腫瘤，如胃癌、肝癌、食道癌、皮膚癌等。

80

它成了世界上最珍貴的東西。馬上,各國政府爭相以高價購買製鐳的秘密,只要居里夫婦申請專利權,他們就會成為生產鐳的專利者,馬上成為百萬富翁。

為了研究和提煉鐳,居里夫婦付出了太多太多。他們所有的積蓄都用作了研究,自己弄得家徒四壁;他們日以繼夜地工作,熬壞了身體。居里好幾次病得一動不能動,須臥牀休息,而瑪麗在那八年中整整瘦了十五磅,還因過度緊張而患了夜遊症。

有人鼓勵居里夫婦去申請專利,說:「你們為了研究鐳,付出了那麼大的代價,因此,你們應該得到一筆巨大財富來補償。」

但居里夫婦卻出人意表地拒絕了。瑪麗代表丈夫表示了他們的態度:「每個科學家都不應該把科學成果當作發財致富的資本,科學成果是應該屬於全世界的!」

這兩位無私地把自己奉獻給科學的偉大科學家,毫無保留地把研究成果,以及製鐳的方法向世界公開了。不管是哪個國家的人來信向他們索取提取鐳的技術資料,他們都毫無保留地提供給對方,因此,製鐳工業很快就在世界各地建立起來。不久,在美國布法羅,法國馬納河邊都有了製鐳工廠,鐳開始有了商業上的價值,開始為人類服務了。

　　居里夫婦的偉大發現和他們的偉大精神，立刻引起了世界人民的強烈反響，不久，英國皇家學會邀請居里夫婦到倫敦去，舉行一次關於鐳的演講。

　　皇家學會是英國的最高學術團體，在那裏演講，向來被視為是一種至高無尚的榮譽，而瑪麗是第一位應邀前往演講的女性科學家。

　　居里夫婦精闢的演說得到了最高的評價，他們充滿傳奇色彩的故事更引起了倫敦人民極大的興趣。倫敦各界特地舉行了一個盛大的宴會，歡迎這對科學家夫婦。晚會上，男士都穿着筆挺的西裝，女士都珠光寶氣，而晚會的核心人物居里夫婦，卻穿着一身樸素的舊衣服，但這絲毫掩蓋不了他們懾人的光彩。人們一次又一次地向他們致以熱烈的掌聲。在晚會上，倫敦皇家學會還把該會的最高獎——戴維獎章頒贈給居里夫婦。

　　更大的榮譽不久又落在他們身上。1903年12月，瑞典科學院決定把本午度的諾貝爾物理獎的一

知識門

諾貝爾獎：

諾貝爾（1833~1896），瑞典化學家。發明炸藥、雷管、地雷等。一生中共獲得350多項發明專利。1895年在巴黎寫下遺囑，決定將他遺產的一部分，共820萬美元作為基金，以基金利息分設物理、化學、生物、醫學、文學及和平事業五種獎金，1968年增設經濟學獎，獎給那些為人類作出貢獻的人。1910年開始，每年12月10日（諾貝爾逝世日）為頒獎日。

半授予居里夫婦（另一半授給了發現放射現象的物理學家柏克勒爾），獎勵他們在放射性方面的種種發現。

　　諾貝爾獎是科學家們夢寐以求的科學最高榮譽，也將登台領獎視為人生最輝煌的一刻。但向來淡薄名利的居里夫婦卻把這些看得很淡，他們經過商量，覺得手頭的工作比去領獎更重要，就給瑞典科學院寫了一封信，表示不能出席十二月十日的頒獎儀式。這使瑞典科學院感到惋惜之餘又不能不為這對夫婦的事業心感到佩服。

　　諾貝爾獎除了給居里夫婦帶來大筆金錢以外，也帶來了許多榮耀和尊敬。各大傳媒紛紛報道他們的事跡，他們的實驗室，他們的家門口，一天到晚站滿了記者和想一睹偉大科學家風采的人們。他們的照片上了報，他們女兒的照片也上了報，甚至連他們養的小貓的照片也上了報。這對於喜歡低調、永遠謙虛的居里夫婦來說，簡直是一場災難。瑪麗在寫給哥哥的一封信中苦惱地說：「我們正淹沒在來信、來訪、攝影師和記者匯合成的洪流之中。我真想在地下挖個洞躲進去。」

　　1904年12月6日，居里家又增添了一名新成員：二女兒艾芙出生了。

想一想

1. 鐳的特性有哪些？它的發現，對人類有着什麼樣的重大意義？

2. 居里夫婦是怎樣對待名和利的？

十三 沒有皮埃爾的日子

自從獲得諾貝爾獎以後，法國政府開始注意起居里夫婦的研究工作來，並且在各方面給予幫助。巴黎大學也高薪聘請皮埃爾任教，並主持一個放射學講座。

1905年7月3日，皮埃爾被選為法國科學院院士。法國政府替他們夫婦向國會申請十萬法郎的預算，作為實驗所的創立經費。議會很快批准了這項預算，不久，在巴黎大學附近出現了兩間實驗室，皮埃爾將有三位合作者，一個助手，一位工人，瑪麗被委任為實驗室主任。實驗室的所有開支，都由政府負責。

新的實驗室雖然不算很現代化，但比起工業學院那間破屋子，已是天淵之別，不知要好上多少倍。居里夫婦興高采烈地把破屋子裏的設備搬到新實驗室，臨離開時，夫婦兩人手挽着手，想起了在這裏度過的歲月，雖然日子艱苦，但卻過得充實而快樂，不禁對這又破又舊的屋子充滿了留戀。

正當居里夫婦的事業正邁向一個新的階段時，卻發生了一件十分不幸的事情。

1906年4月19日，一個陰雨綿綿的日子。那天，皮埃爾去參加理學院教授的聚會。他向來很喜歡這樣的聚會，一班志同道合的人聚在一起，談巴黎大學的前景，談研究的課題，談科學的發展，十分融洽。到了下午兩點多，皮埃爾想起自己還要去出版社看自己一本科學專著的清樣，於是，他先告辭了。

一路上，他埋頭埋腦地想着一些難解的科學問題，連過馬路也沒仔細看看。突然，一輛裝滿貨物的馬車迎面而來，皮埃爾來不及躲避，被馬車撞倒，左邊車輪壓在他的頭上，鮮血，染紅了馬路。一代偉人就這樣突然地離世了，這一年，皮埃爾僅四十七歲。

知識門

清樣：

從最後校改的印刷版上打下來的校樣，有時也指最後一次校正付印的校樣。

路人震驚地圍了上去，一位警察從遇難者口袋掏出證件，他不由得大吃一驚：「天啦，是居里教授！」

不幸的消息馬上傳開，理學院院長接到警察局的通知後，馬上趕到居里家，把這不幸的消息通知了瑪麗。

這晴天霹靂使瑪麗頓時呆住了。她兩眼直勾勾地望着前方，卻一滴淚也沒有。過了好久，她才慢慢地抬起頭來，低聲地問道：「皮埃爾死了？他死了？……真的死了？」

　　她多希望這只是一個惡夢，可事實是多麼殘酷，理學院長用沉痛的聲音再一次告訴她，皮埃爾出了車禍，沒救了。

　　瑪麗沒有哭，她只是默默地走到大門口，一雙毫無神采的眼睛迷惘地望着遠處。她在等皮埃爾回來。

　　當皮埃爾的遺體被抬進院子時，瑪麗狂叫一聲撲了上去，她緊緊地摟住他，吻他的臉，吻他的手，吻他半閉半開的眼睛。人們想把她拉開，可她死也不肯，她嘴裏含混不清地叫着：「皮埃爾，親愛的，你怎麼可以這樣，怎麼可以離開我？！」

　　瑪麗把皮埃爾的屍體抱了一夜，一直不肯放開。直到第二天，皮埃爾的哥哥雅克來了，瑪麗才哭出了聲。

　　一個偉大的科學家就這樣離開了人世，所有認識居里夫婦的人都覺得惋惜，他們都自發地組織起來，要給居里搞一個最隆重的喪禮。但悲痛中的瑪麗還保持着那一份清醒，她知道，如果皮埃爾在天有靈的話，他一定不喜歡那些煩瑣的禮節，一定願意安安靜靜地走完人生的最後一段路程。

　　她堅持不用送葬隊伍，要用最簡單的儀式送別皮埃爾。在喪禮上，瑪麗強忍悲痛，她攙扶着年老的公公，隨着丈夫的**靈柩**[1]，走到墓穴前。落葬時，瑪麗將手中的

---

[1] **靈柩**：指死者已經入殮的棺材。

一束鮮花，一朵一朵地、慢慢地摘下來，撒到皮埃爾的靈柩上，忘記了時間的過去，忘記了身邊的人們……

　　瑪麗不僅失去了丈夫，也失去了攀登科學高峯的最好合作者。然而，她並沒有倒下去，也沒有因此動搖自己為科學獻身的堅強意志，她決心把和皮埃爾共同開拓的事業繼續下去。

　　法國政府決定給居里夫人一筆撫恤金。但居里夫人斷然拒絕了，她說：「謝謝你們的關心！但是，請把這筆撫恤金給更需要的人吧，我還年輕，我可以憑自己雙手去養活家人。」

　　皮埃爾去世之後，誰來接替他在巴黎大學的位置呢？誰來完成他剛剛開始的關於放射性的講座呢？所有的人都認為：只有居里夫人，才有資格有能力去接手這項工作。可是，在巴黎大學的歷史上，還沒有聘請過女教授呢！

　　經過一班著名科學家和巴黎大學副校長李亞爾的盡力推薦，法國當局終於同意了，破例把法國最高教職交給了一個女性，請她做巴黎大學放射學的代理教師。當居里夫人知道自己獲得這個殊榮時，只是淡淡地說了一句：「好，我試試吧！」她把伊蓮託付給公公，把艾芙託付給海拉姐姐，自己把皮埃爾的所有教學筆記找了出

來，一心一意地備起課來。

　　第一堂課安排在1906年11月5日，巴黎的所有報紙都用頭版頭條報道了這件事。事情不僅在科學界教育界引起轟動，連上流社會、藝術界直至普通平民百姓，也極感興趣，人們紛紛跑到巴黎大學，索取聽課證，他們都懷着崇敬的心情，希望一睹這位奇女子登上巴黎最高學府講台時的風采。

　　那天，巴黎大學的階梯課堂裏，一百多個座位早早就坐滿了人，許多人沒有地方坐，只好擠在門口過道裏，伸長脖子朝講壇望着。鈴聲響了，居里夫人準時走進上課堂，她穿着一身黑衣服，從容嫻雅，對人們報以的熱烈掌聲只是微微一笑。

　　人們都在猜測，這位鼎鼎大名的居里夫人第一句話會說什麼。是感謝法國當局和巴黎大學給她這個機會，還是表示一下她對這個職位的前任，也就是她的丈夫的悼念？可是，居里夫人什麼都沒說，她目視前方，只是平靜而堅定地從皮埃爾最後一堂課的終止處，開始了她的講座：「縱觀近十年來物理學的發展，人們對電和物質概念中發生的變化表示驚異……」

想一想

1. 居里先生不幸去世之後，居里夫人是怎樣堅強地處理丈夫的身後事，如何繼續丈夫未完的事業的？

2. 為什麼這麼多人想聽居里夫人的講學呢？

十四 白衣天使

　　居里夫人的課講得精彩極了，不久，巴黎大學正式聘請她為放射學系教授。

　　居里夫人除了教學以外，還繼續了她和她丈夫生前所作的放射性研究工作。1908年，她整理出版了居里留下的書稿，書名為《皮埃爾·居里的著作》。1910年，她分離金屬鐳獲得成功，從而分析出鐳元素的各種性質，精確地測定了它的原子量。同年，她出版了自己的著作《論放射性》。1910年9月，居理夫人參加了在比利時首部布魯塞爾城召開的國際放射學理事會，在會上，制訂了以居里的名字命名的放射性單位，同時採用了居里夫人提出的鐳的國際放射性單位標準。為了表彰居里夫人在她丈大死後所取得的一系列重大科學成就，瑞典皇家科學院在1911年再次給她頒發了諾貝爾化學獎。

　　兩次獲得諾貝爾獎金，這是一件從來沒有過的事情，何況，是出現在一位女士身上！居里夫人的名字，很快響遍了全法國，全世界。

　　1912年5月，波蘭政府派了一個教授代表團前往巴

黎會見居里夫人，請求她回國主持一個放射實驗室。居里夫人很想為國效勞，但她捨不得離開和丈夫一起創立的研究室，也離不開和丈夫一起進行的未完成的事業，她婉言謝絕了。但是，她答應在巴黎指導波蘭的實驗室，還派了兩名得力助手去波蘭幫助管理。實驗室落成的時候，她還帶病去波蘭參加了落成典禮。

為了讓鐳的研究更加深入，在徵得居里夫人的同意後，巴黎大學和巴斯德研究院決定出資創建一個鐳學研究院。1914年7月，鐳學研究院正式建成。這座研究院建在居里路，一踏入大門，進面就可以見到一塊大石頭，石頭上面刻着「鐳學研究所——居里樓」幾個大字，以表示對居里的紀念。研究所分成兩部分：一部分是研究放射學的實驗室，由居里夫人領導；一部分是研究生物和居里治療法的實驗室，從事癌症及其治療方法的研究，這部分由著名學者兼醫生瑞果領導。這兩個機構，彼此合作，共同研究，發展鐳學。

1914年秋天，正當居里夫人準備大展拳腳的時候，第一次世界大戰爆發了。法國的部分領土被德軍所侵佔，巴黎也危在旦夕。居里夫人決心為保衛她的第二祖國而作出一份貢獻，她將第二次獲得諾貝爾獎的獎金全部捐贈給了法國政府，用作購買戰時物資，她自己也暫

時放下了研究工作，運用自己的專業知識，投入了戰地救護的行列。

當時，巴黎的所有醫院都擠滿了傷員，這些傷員的身體裏有槍彈的碎片，但當時人們大多還不懂得用X光機去透視出這些槍彈的位置，所以在做手術時往往會給傷員做成極大的痛苦。居里夫人決心要解決這個難題，她四處奔跑，集中了所有可供使用的X光材料，分送到巴黎地區各醫院，還招募了一批教授、工程師、學者，共同做好這項工作。

居里夫人利用法國婦女聯合會的資金，創造了第一輛X光檢查車。她在一輛普通汽車裏，裝進一台X光儀器和一個發電機，用汽車的發動機運轉發電機，供給X光透視機所需的電流。在居里夫人的努力下，這種能移動的設備很快就增加到十輛、二十輛……而居里夫人自己親自駕駛着其中一輛，穿梭在戰火瀰漫的戰場上，救死扶傷。哪裏傷員多，哪裏就會出現她瘦小的身影，人們都尊敬地把她叫作「白衣天使」。在居里夫人精神的鼓舞下，大女兒伊蓮和許多青年科學工作者都加入了這個隊伍。

有一次，居里夫人駕駛的汽車因煞車失靈，翻進了公路旁的一個壕溝裏面，幸好她只是身上擦破了幾處。

同行的小護士見到居里夫人的傷口不斷往外滲血，嚇壞了，馬上說：「夫人，我求您了，請您歇一歇，把傷口包紮好再走吧！」

居里夫人隨手拿了一條紗布，把傷口一紮，說：「歇什麼！沒事的，前方還有許多傷員等我們去救護呢！」

她馬上登上另一輛X光車，又出發了。

在野戰醫院裏，一些醫護人員不知道她是鼎鼎大名的居里夫人，還以為她是個普通看護，常指揮她做一些雜活，但她一點也沒有怪罪的意思，只要有空，總是笑眯眯地把工作做好。

戰爭持續了兩年，還沒有結束，從前線下來的傷員不斷增多，到處都需要能夠做X光透視工作的專業人士，居里夫人見到這種情況，就開辦了一間傳授有關X光技術的專門學校，培養更多的人才。負責教學的除了居里夫人自己外，還有她的大女兒伊蓮。從1916年到1918年，居里夫人訓練了150個放射科護士，為戰時的醫護工作作出了極大的貢獻。

1918年秋天，世界大戰終於結束了。法國取得了勝利，而居里夫人的祖國波蘭也擺脫了外國的統治，宣布重新獨立。居里夫人懷着雙重的喜悅，和狂歡的人民一起上街遊行，慶祝和平日子的到來。

想一想

1. 居里夫人是因為什麼第二次獲得諾貝爾獎的？

2. 在第一次世界大戰中，居里夫人作出了哪些貢獻？

十五 她征服了全世界

　　戰爭結束了，所有人都恢復了正常的工作相生活，居里夫人也回到鐳研究院，將中斷了四年的實驗工作重新開始。

　　這時候，居里夫人的兩個女兒也都長大了，二十一歲的大女兒伊蓮，決心繼承父母的事業，立志要做一名物理學家，她在實驗室和媽媽一起工作，為深入研究鐳而努力。而小女兒艾芙，在藝術方面頗有天分，正在藝術學院進修音樂。

　　1920年5月的一天，一位著名的美國女記者梅羅尼夫人訪問了居里夫人。這位兩次獲得諾貝爾獎的著名科學家，住的竟是如此簡陋的廉價公寓，穿着竟是如此樸實無華，這使梅羅尼夫人驚訝極了。

　　最使梅羅尼夫人感動的是這位偉大女性對錢財的淡泊，她不但將鐳的發現和提煉方法公諸於世，還將多年艱苦提取的一克鐳獻給了治癌研究機構。要知道，如果她擁有了鐳的專利，她就會一躍成為世界級巨富，即使是那一克鐳，如果她用作出售的話，起碼也值百萬法

郎。而她卻沒有這樣做，她什麼也沒有留給自己，至今還要靠每個月的薪金來養活一家人。

對梅羅尼夫人由衷的讚歎，居里夫人卻平靜地說：「沒有人應該因為鐳而致富。鐳只是一種元素，它應屬於全世界。」

看着這位無私的偉大女性，梅羅尼夫人腦海裏湧現出一個強烈的念頭，希望為她做些事。她問：「請問您現在最大的願望是什麼呢？」

居里夫人想也不想就說：「我最想要一克鐳，好繼續進行我的研究。但是我買不起，因為一克鐳實在太貴了。」

梅羅尼夫人決心要替這位偉大的女科學家達成心願，回到美國後，她以極大的熱忱組成了一個委員會，到每一個城市去演說，動員全美國的婦女為偉大的女性居里夫人捐款，不到一年，就籌足了買一克鐳的錢——十萬美元。

梅羅尼夫人又專程去到了巴黎，這次，她是代表美國政府和全美婦女，邀請居里夫人去美國訪問，並親自前往接受那一克珍貴的鐳。居里夫人被美國婦女的熱情深深感動了，她接受了邀請，帶着兩個女兒，登上了駛往大洋彼岸的輪船。

在美國，居里夫人受到了最隆重的歡迎。人們對她不為名不為利、獻身科學的崇高精神十分佩服，成千上萬的美國人把她當成偶像，真誠地崇拜她。她每到一處，都被人圍得水洩不通，人們都爭相一睹她的風采，以能跟她握手為榮。

幾天下來，居里夫人的手被握腫了，以至後來的日子裏不得不請大女兒伊蓮代她和羣眾握手。

1921年5月20日，在**華盛頓**舉行了一個盛大的贈予儀式，美國總統哈定親手把一條用紅絲帶繫着的金鑰匙掛到了居里夫人的脖子上，這是裝着一克鐳的匣子的鑰匙。哈定總統在致詞中，懷着對這位偉大女性的無限崇敬，說：「居里夫人是高尚的、忠誠的妻子，慈愛的母親，除了她勞苦的工作之外，還盡到了婦女的全部天職。」

居里夫人對美國人民的慷慨表示由衷的感謝，她說：「這一克珍貴的鐳應該永遠屬於科學。在我活着的時候，我將把它用作科學研究，當我死了以後，我願意把它送給實驗室。因為鐳是屬於世界的，不應該成為我家的私有財產。」

知識門

華盛頓：
美國首都，位於美國西北部，面積17.66萬平方公里。因紀念美國首位總統華盛頓而得此名。

捐贈儀式結束後，居里夫人馬上請來了律師，把她這一決定寫成文件，她鄭重地在上面簽了字。

美國人民親眼目睹居里夫人的無私行為，對她更加尊敬了。可以說，她徹底征服了美國幾百萬人民的心。

美國之行後，意大利、荷蘭、英國等國家都紛紛邀請居里夫人前往訪問，她在放射性研究方面的成就，她不求名利獻身科學的事跡，傳遍了世界每一個角落。二十世紀最偉大的科學家愛因斯坦曾經這樣說：「在所有的著名人物中，居里夫人是唯一不被榮譽所腐蝕的人。」

想一想

1. 是什麼原因促使美國婦女慷慨解囊，向居里夫人贈送了一克昂貴的鐳？

2. 居里夫人有將那克鐳當作私有財產嗎？她是怎樣做的？

十六 後繼有人

1922年2月7日，居里夫人在巴黎科學院三十五位院士的聯名推舉下，成為法國歷史上首位女性科學院院士；1922年5月15日，國際理事會委任居理大人為國際文化合作委員會副主席；1923年，法國政府決定給居里夫人四萬法郎年金的「國家酬勞」，並規定伊蓮和艾芙享有繼承權。

儘管居里夫人十分謙虛、淡泊名利，但榮譽的浪潮還是鋪天蓋地向她湧來。她成為十五個國家科學院的院士，她接受過七個國家的二十四次獎金或獎章，她擔任了二十五個國家的一百零四個榮譽職位。

從此，居里夫人更忙了。她除了堅持到自己實驗室進行實驗外，還常常應邀到許多城市去，出席科學會議，發表演說，講學，參觀和指導實驗室。又為在波蘭建立一個鐳研究院奔走呼告，四方籌集資金。她的愛國熱情感動了美國人民，在梅羅尼夫人的幫助下，又募集十萬元購買了一克鐳，送給了波蘭國家鐳研究院。

時間一年一年地過去，視力衰退、風濕性肩痛、耳

鳴、膽結石，使居里夫人感到力不從心。而且，二十五年來，她一直在接觸鐳，呼吸鐳射氣，她的血液成分已明顯地不正常。

身體越來越衰弱，居里夫人也越來越感到趕緊工作的重要性。她開辦了一間煉製放射性礦物的大型工廠，她日以繼夜撰寫她的科學巨著「放射學」，她以六十多歲的高齡，還每天工作十多小時。

女兒伊蓮心疼地説：「媽媽，研究室的工作就讓我和約里奧多做一些吧。您得注意休息呵！」

約里奧是伊蓮的丈大，也是實驗室最好的研究員，他在1934年和伊蓮一同發現了人工放射現象。女兒女婿的成績，使居里夫人感到自豪極了。

聽到女兒的規勸，居里夫人只是慈祥地笑笑，又埋頭工作起來。1924年5月的一個下午，居里夫人在實驗室裏突然覺得不舒服，她不得已放下了手裏的儀器，對她的助手説：「我身上發燒，得回家休息一下。」

小女兒艾芙剛好在家，她見到媽媽臉色很不好，嚇壞了，馬上把媽媽送到了醫院。醫生們給居里夫人量過體溫，發現她發着攝氏四十度高熱，但用X光透視肺部，卻沒發現什麼問題，究竟病因是什麼哩？醫生們都一籌莫展。

居里夫人一直高燒不退，情況越來越差。日內瓦名醫羅克教授從新聞報道中知道了居里夫人得病的消息後，馬上趕來巴黎，替居里夫人診斷，結果發現她患了「惡性貧血症」，血液中的紅血球和白血球量比正常少出很多。羅克教授解釋說：「這是由於居里夫人長期受鐳放射作用影響，體內的紅白血球都在不知不覺中被破壞。」教授懷着沉痛的心情，悄悄地告訴病人家屬，居里夫人的病已到了晚期，已經難以治癒了。

居里夫人越來越虛弱，自此沒有下過牀。雖然法國政府派來了最好的醫生，但也沒能留住這位偉大的女科學家，1934年7月4日的早上，居里夫人與世長辭，終年六十七歲。

居里夫人逝世的消息，馬上傳遍了全國、全世界，舉世哀悼這位傑出的女科學家。

人們按照居里夫人的遺願，把她的棺木放在皮埃爾棺木的旁邊，她的哥哥和姐姐們，含着眼淚向墓穴灑下

知識門

紅血球：
血球的一種。紅色，無細胞核。含血紅蛋白。產生在紅骨髓中。作用是輸送氧氣到各組織，並把二氧化碳帶到肺泡內。

白血球：
血球的一種。無色，有核，產生在骨髓、脾臟和淋巴結中。有吞食病菌、中和病菌分泌的毒素等作用。

一把從波蘭帶來的泥土。一代偉人，在為這個世界作出了巨大的貢獻後，就這樣離開了人世，離開了熱愛她尊敬她的人們。

一年後，居里夫人生前寫成的《放射學》出版了。她的科學思想，她的發明發現將長留人間，千秋萬代造福於人類！

她的大女兒伊蓮和丈夫約里奧由於發現了人工放射性也榮獲了諾貝爾化學獎，居里夫人的事業後繼有人了。

想一想

1. 居里夫人一家共有多少人獲得諾貝爾獎？

2. 居里夫人勝不驕敗不餒獻身科學的勇敢精神、只求奉獻不求回報的高尚品格，對你有什麼啟發？

大事年表

公元	年齡	事件
1867年		11月7日，誕生在波蘭華沙一個知識分子家庭。
1883年	16歲	6月12日，以第一名的成績畢業於華沙女子中學，並獲金質獎章。
1883－1885年	16至18歲	在華沙市當家庭教師，攢取上大學的費用。
1886年	19歲	為了掙更多的錢，供姐姐讀大學，毅然遠離溫暖的家，到窮鄉僻壤當了四年家庭教師。
1889年	22歲	回華沙，繼續當家庭教師。
1891年	24歲	11月3日，入讀巴黎大學物理系。
1893年	26歲	以第一名的成績，取得物理學學士學位。

公元	年齡	事件
1894年	27歲	以第二名的成績，取得數學學士學位。
1895年	28歲	7月26日，和皮埃爾·居里在巴黎結婚。
1897年	30歲	大女兒伊蓮出生。
1898年	31歲	7月，發現新元素——釙和鐳。
1899－1902年	32至35歲	投入艱苦的提煉鐳的工作。1902年4月，終於在八噸瀝青鐳礦殘渣中把十分之一克鐳提煉出來。同年，父親斯克勞多夫斯基去世。
1903年	36歲	發表「關於放射性物質的研究」的論文，獲得物理學博士學位。同年12月，獲諾貝爾物理學獎。
1904年	37歲	二女兒艾芙出生。

公元	年齡	事件
1906年	39歲	4月19日，丈夫皮埃爾因車禍去世。
1911年	44歲	再度獲得諾貝爾獎。
1914年	47歲	創造X光車，為第一次世界大戰的傷兵救援工作作出重大貢獻。
1921年	54歲	訪問美國。接受美國人民贈予的一克鐳。
1922年	55歲	在巴黎科學院35位院士的聯名推舉下，成為法國歷史上首位女性科學院院士。
1934年	67歲	7月4日，因患惡性貧血病，醫治無效逝世。

認識波蘭

居里夫人旅居法國，但其實她的出生地是波蘭，究竟波蘭是個怎樣的國家呢？

概況

波蘭是一個由16個省組成的民主共和制國家。位於歐洲大陸中部，屬中歐國家。首都華沙是全國第一大城市，是工業、貿易和最大科學文化中心，同時也是最大的交通運輸樞紐，位於國內中部平原上。波蘭地勢平坦，國土大部分處於低矮的波德平原內。

語言

波蘭語是波蘭人的語言。使用人口約4800萬，其中3800萬在波蘭，1000萬在國外各地。

氣候

介於東歐大陸性氣候和西歐海洋性氣候之間，全年氣候溫和。每年5月至9月是波蘭最美好的季節，既溫暖又陽光明媚。而9月更被譽為「波蘭金色的秋天」的開始。

宗教

　　波蘭人特別珍惜其悠久而輝煌的宗教文化傳統。境內大小教堂林立，宗教氣氛濃郁，每週去教堂望彌撒仍是大多數居民重要的生活內容，其中95%的人口信奉天主教。

國家特色

　　波蘭是一個科學文化比較發達的國家，出現了許多着名的科學家。其科研工作取得了許多重要成果，大多處於世界領先地位。國內有600多間科技博物館。

　　波蘭的森林面積為889萬多公頃，森林覆蓋率近30%。初到波蘭的人，常常會陶醉於這個詩情畫意的綠色世界之中。旅遊業是波蘭外匯收入的主要來源。國內許多景點被列入世界文化遺產和世界自然遺產名錄，例如維利奇卡鹽礦和比亞沃韋紮森林等。

　　居里夫人一生都為人類可以過更好的生活而無私奉獻，如果你有機會見到她，你想跟她説些什麼？把你的想法寫下來。

_____

_____

_____

_____

_____

_____

_____

_____

_____

_____

_____